兒童大腦鍛煉手冊

Original Title: *Train Your Brain to be a Genius*
Copyright © Dorling Kindersley Limited, 2013
A Penguin Random House Company

兒童大腦鍛煉手冊

作　　者：約翰・活華特（John Woodward）
顧　　問：大衛・赫曼博士（Dr David Hardman）
　　　　　費爾・錢伯斯（Phil Chambers）
繪　　圖：薩治・塞德利茲（Serge Seidlitz）
　　　　　安迪・史密斯（Andy Smith）
譯　　者：張伯堯　張景華
責任編輯：張宇程
出　　版：商務印書館（香港）有限公司
　　　　　香港筲箕灣耀興道 3 號東滙廣場 8 樓
　　　　　http://www.commercialpress.com.hk
發　　行：香港聯合書刊物流有限公司
　　　　　香港新界荃灣德士古道 220-248 號荃灣工業中心 16 樓
印　　刷：敬業（東莞）印刷包裝廠有限公司
　　　　　廣東省東莞市虎門鎮大寧管理區
版　　次：2021 年 6 月第 1 版第 1 次印刷
　　　　　© 2021 商務印書館（香港）有限公司
　　　　　ISBN 978 962 07 3456 4
　　　　　Published in Hong Kong

For the curious
www.dk.com

這本書充滿大量謎題和活動以增強你的腦力。書中的活動十分有趣，但你做書中任何活動前，一定要先告訴成年人，讓他們知道你正在幹甚麼，並確保你的安全。

兒童大腦鍛煉手冊

約翰·活華特（John Woodward）　　　著

大衛·赫曼博士（Dr David Hardman）

費爾·錢伯斯（Phil Chambers）　　　顧問

薩治·塞德利茲（Serge Seidlitz）

安迪·史密斯（Andy Smith）　　　　繪圖

張伯堯　張景華　　譯

目　錄

你能記住嗎？

在這個測試中運用大腦的記憶能力。在 45 秒內觀察一下圖畫中展示那個男孩忙碌運行着的腦袋，然後合上書並試着回答以下的問題。不要偷看哦！

1. 他喜歡在哪裏唱歌？
2. 說出男孩做過的三種運動。
3. 有一幅圖畫顯示了男孩身體內部。我們看到他身體哪個部分？
4. 他害怕的怪物是甚麼顏色的？
5. 他生活中喜愛誰？
6. 男孩十分討厭的食物是甚麼？
7. 生日蛋糕上有多少支蠟燭？
8. 說出我們看到的三種不同動物。
9. 男孩聞到了甚麼香味？
10. 他是因為受了甚麼傷害而哭泣？

你答對多少題？
答案在第 186 頁。

令人驚奇的大腦

大腦是人類身體中最令人驚嘆的部分。腦中數十億的腦細胞控制着你的所有思想和行為，包括行動、知覺、情感、記憶以及語言。大腦運用得越多，它就越聰明。本書正是一本有關如何讓你的腦細胞運轉，並可能使你成為天才的書。

情緒

恐懼、憤怒、開心、愛和其他情緒可以視為自動想的心理反應，但如果我們想的話，也可以利用腦袋來控制我們的情緒。

自主活動

你的腦袋總是在活動，即使睡覺的時候也沒有停止。腦袋通過控制心跳、體溫、呼吸和消化系統來維持你的生命。

感知

你的所有知覺都像電線一般連接到你的腦袋中；腦袋接收到傳過來的信號然後才讓你看到事物、聽到聲音、聞到氣味、嘗到食物立感受這個世界。

完美配對

這個謎題測試你的空間意識 —— 對空間的感知能力。最右邊的圖形中哪兩個配對能正好組成這個六邊形？

答案在第 186 頁。

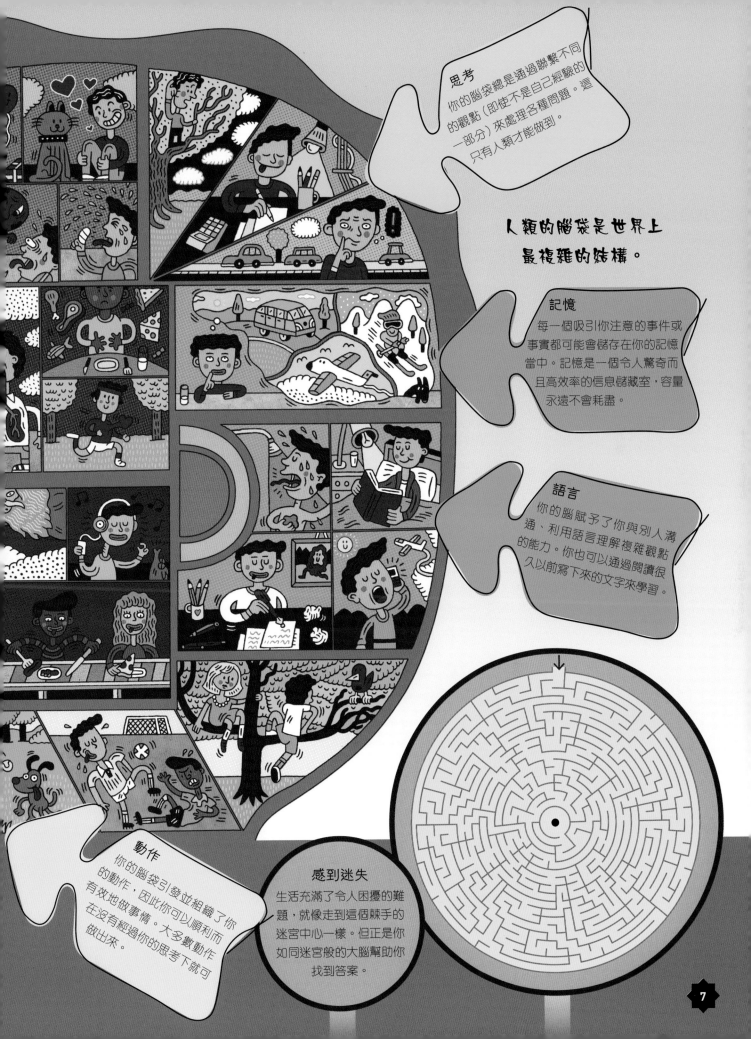

思考
你的腦袋總是通過聯繫不同的觀點（即使不是自己經驗的一部分）來處理各種問題。這只有人類才能做到。

人類的腦袋是世界上最複雜的結構。

記憶
每一個吸引你注意的事件或事實都可能會儲存在你的記憶當中。記憶是一個令人驚奇而且高效率的信息儲藏室，容量永遠不會耗盡。

語言
你的腦賦予了你與別人溝通、利用語言理解複雜觀點的能力。你也可以通過閱讀很久以前寫下來的文字來學習。

動作
你的腦袋引發並組織了你的動作，因此你可以順利而有效地做事情。大多數動作在沒有經過你的思考下就可做出來。

感到迷失
生活充滿了令人困擾的難題，就像走到這個棘手的迷宮中心一樣。但正是你如同迷宮般的大腦幫助你找到答案。

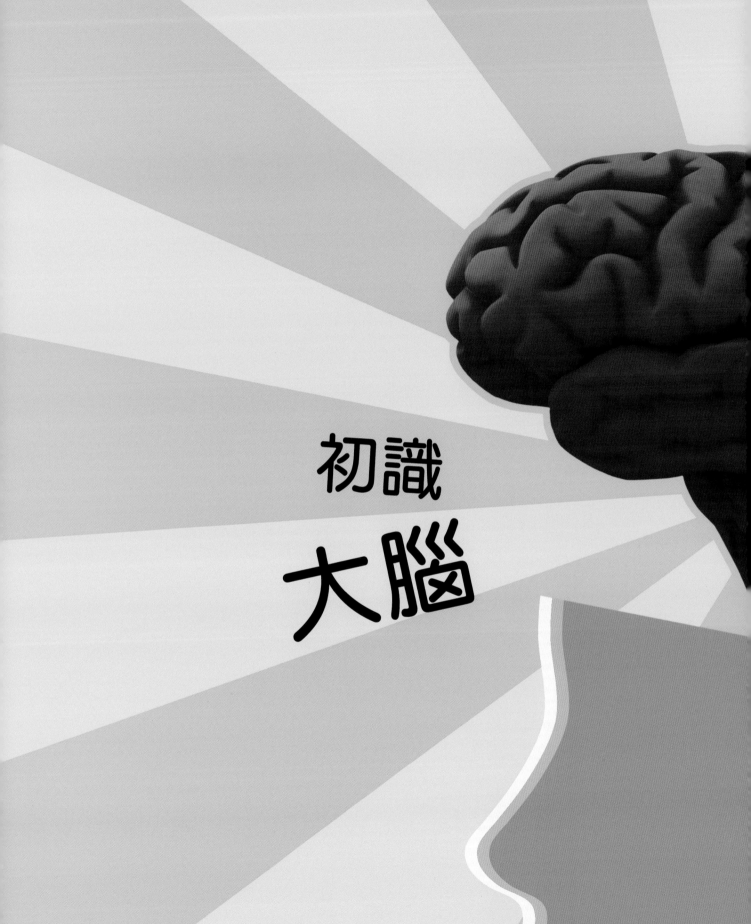

魚類

鳥類

人類

天才的起源

與其他動物相比，人類腦袋中有大得多的大腦（上面橙色的部分）。這使我們擁有智慧，因為人類可以用大腦來作出有意識的思維活動。

繪製
腦圖

人的腦袋是身體中最複雜的器官。它是由數十億個微小的神經細胞連接在一起，並以電子網絡形式組成的粉紅色海綿狀結構。腦袋的每一部分都有其獨特的作用，但最大的一部分 —— 大腦，則主要負責控制你的思維和行動。

帕加馬的伽林
（Galen of Pergamon）

來自帕加馬的伽林是一名希臘外科醫生，他是第一個認為腦袋是重要的器官的人。同時他還認為腦袋控制着記憶和情緒。伽林於 129~200 年生活在現在的土耳其，在那裏為受傷的鬥士治療。

人的大腦77%都是水。

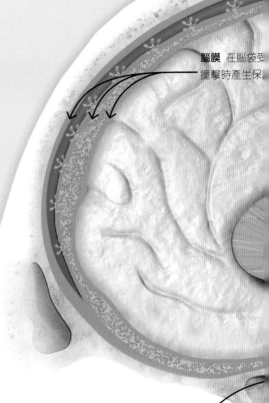

腦膜 在腦袋受撞擊時產生保...

腦垂體

這裏可釋放稱為激素的化學物質進入血液。激素控制許多功能，包括促進身體的成長與發育。

下丘腦

這個腦袋的部分調節着睡眠、飢餓和體溫。

丘腦

丘腦將感知信號從身體傳送到大腦，在那裏對信號進行解碼和分析。

腦幹

連接着脊髓的腦幹把腦袋與身體其餘部分連接起來，並控制着心跳和呼吸。

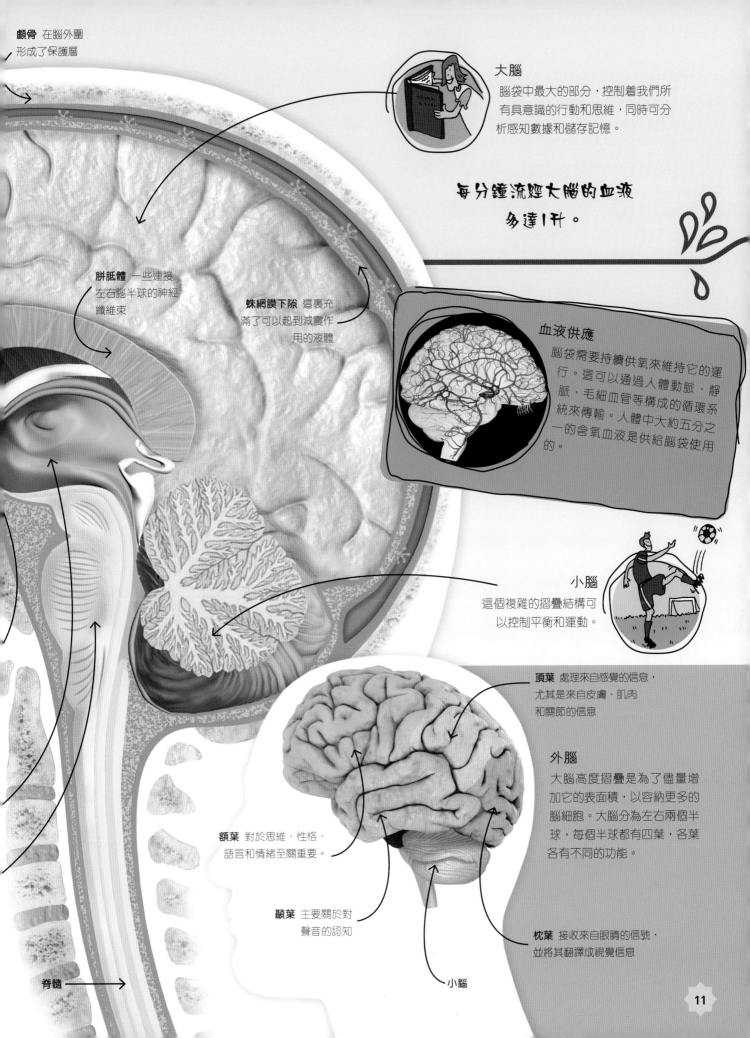

顱骨 在腦外圍
形成了保護層

大腦
腦袋中最大的部分，控制着我們所
有具意識的行動和思維，同時可分
析感知數據和儲存記憶。

每分鐘流經大腦的血液
多達1升。

胼胝體 一些連接
左右腦半球的神經
纖維束

蛛網膜下隙 這裏充
滿了可以起到減震作
用的液體

血液供應
　　腦袋需要持續供氧來維持它的運
行。這可以通過人體動脈、靜
脈、毛細血管等構成的循環系
統來傳輸。人體中大約五分之
一的含氧血液是供給腦袋使用
的。

小腦
這個複雜的摺疊結構可
以控制平衡和運動。

頂葉 處理來自感覺的信息，
尤其是來自皮膚、肌肉
和關節的信息

外腦
　　大腦高度摺疊是為了盡量增
加它的表面積，以容納更多的
腦細胞。大腦分為左右兩個半
球，每個半球都有四葉，各葉
各有不同的功能。

額葉 對於思維、性格、
語言和情緒至關重要。

顳葉 主要關於對
聲音的認知

枕葉 接收來自眼睛的信號，
並將其翻譯成視覺信息

脊髓

小腦

大腦分為兩個半球，由神經纖維形成的橋（胼胝體）連接。對於其中一些功能，是由身體相反的一面所支配，而另一些能力和思維則僅由大腦的某個特定半球來處理。

左腦

左腦的功能
左腦負責思維中較多邏輯性、理性的方面語言表達能力。

語言
你用語言自我表達的能力通常受到左腦半球額葉的支配。

科學思維
邏輯、科學的思維是大腦左半球的工作，雖然大多數科學也涉及創意。

理性思維
以一種理性的方式思考和作出反應是左腦的主要活動。它讓你分析問題並找到答案。

計算能力
研究顯示左腦在處理數字問題上比右腦更優秀，反映了左腦的計算能力。

寫作能力
像說話、寫作這些涉及組織觀點、想法並將它們用文字表達出來的能力一般由左腦半球支配。

左視束
傳遞右側視野的信息

左視皮質
處理右側視野的信息

兩種想法？
許多精神心理活動都涉及大腦的兩個半球，但是受到兩個半球影響的比重各不相同。旁邊的兩幅腦活動掃描圖顯示了兩個人在聽音樂時的腦部活動。可以看出，左邊的人利用右半球多一些，這說明他更依靠直覺思考；而右邊的人則更善於分析。

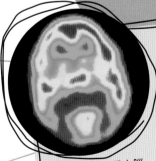

這幅掃描圖顯示大腦活動區域（紅色區域）在右半球。

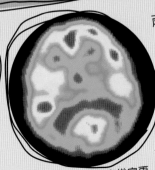

一位受過訓練的音樂家更多地使用大腦左半球。

右腦

右腦功能

大腦的右半球是你更具創造性的思維、情緒和直覺反應的焦點。
它對於空間意識也十分重要。

視神經
將視覺信號
傳遞到大腦

空間能力

你能夠看到並與三維空間形狀工
作，與大腦右半球有很強的關聯。

藝術

視覺藝術與空間感知能力有着密切的
關係。當你在繪畫、畫圖或欣賞藝術
品時，大腦右半球會更加活躍。

右視束
傳遞左側視野
的信息

想像

你的創造性想像主要由大腦右半球指
揮，雖然表達那些想像的事物需要依靠
左半球的能力。

洞察力

當你將兩種不同的觀點相互結合而
產生領悟，或許就是從大腦右半球
而來。

右視皮質
處理左側視野
的信息

音樂

與視覺藝術一樣，音樂涉及大量的大腦
右半球活動，但是訓練有素的音樂家也
會使用左腦去掌握音樂理論。

交叉線

每一隻眼睛的左側都與左腦相
連，但它卻從右腦的右視野攝取信息。大
腦的每一邊處理來自另一側的圖像。每一邊也控制着另
一側的手部肌肉。

右撇子的世界

左腦控制着右手，因為大多數人
都是右撇子，因此左腦經常佔據
主要地位。那麼左撇子會更多
地運用他們的右腦能力嗎？ 暫
時沒有甚麼證據可以證明這個觀
點，並且許多左撇子在運用語言和
邏輯能力時也沒有任何困難。

偏好

人不是左撇子就是右撇子，但是你知道你還可以有優勢腳和優勢眼嗎？在執行各種肢體和思維的任務時，大腦的左右半球遠非處於平等，因此那些兩隻手或兩隻腳都能運用得非常好的人十分少。試着做以下的測試來看看你的優勢肢體在哪邊。

眼球運動

直視這兩幅圖片上女孩的鼻子。在你看來，哪一幅圖片上的女孩看起來更開心？大多數人會發現底部圖片上的女孩笑得更開心，該圖片左側部分是微笑的。這是因為來自你左側視野的信息在你的右側腦半球處理，而右側腦半球主導着解釋情緒的功能。

優勢腳

踢足球是發現優勢腳的最容易方式，而你在上樓梯時也經常用你較為強壯的腳邁出第一步。但你的優勢腳並不一定就與優勢手處於同一側，你可以是左腳優勢的右撇子，或者正好相反。

試着用另一隻手去做一些普通的事情，例如轉而用另一隻手握叉子，或者將手錶戴在另一隻手的手腕上。這會迫使你的腦袋學習新的做事方式，從而幫助大腦兩個半球之間建立更多聯繫。

眼睛看到你

以下這個方法可以幫助你發現你的優勢眼球。舉起食指到與眼睛水平部位，通過食指望向遠方。然後一次閉上一隻眼睛。你將會發現用弱勢眼球時，食指的位置會發生改變，然後換到優勢眼球時，食指會穩定在一個位置。你的優勢眼球負責測定事物的位置，而弱勢眼球則幫助感知深度。

兩隻手同樣強壯會令你在一些運動中佔優。例如在壘球運動中，左右手都靈巧的擊球手可以通過轉換左右手，由最佳的路線擊出投球。

雙手的靈活性測試

雙手都靈巧是一種兩隻手都能運用得出色的能力。想了解你是否雙手靈巧的人，可以試着做以下的測試。右手拿一支鉛筆，並請你的朋友為你計時 15 秒。從右側頂端開始，盡可能地沿着路線在白色的圓圈上畫出點。然後換到左手再做一次，比較兩次的成績。

→ 左手開始

欺騙你的大腦

這個練習揭示了你的大腦有時會是欺騙你去走捷徑。首先，畫下這幅顛倒了的人臉畫。然後將這幅畫倒過來以正確方向重新畫一遍。當你比較兩幅圖畫時，你也許會驚奇地發現顛倒了的版本更為精確。

左腦把簡單形狀指派到普通的物體上——例如把杏仁形狀的物體指派到眼睛。因此，如果你以正確的方向畫臉，你畫出來的特點很可能是基於你認為你看到的而不是你真實看到的。然而，當你看到顛倒的臉時，你的右側腦半球就不太容易理解陌生的圖像，所以你畫出的形狀和線條就是你真實所看到的。

→ 右手開始

你會用你的優勢手畫出最遠的距離，但你也許會為你自己的弱勢手的成績而驚訝。如果你發現兩隻手畫出的距離一樣遠，那麼你就可能是雙手靈巧的人。

神經與
神經元

人的腦袋是由神經網絡連接而成。這個網絡可延伸到身體的各個部位。神經系統像一株大樹一樣擁有許多枝幹和嫩芽，並且從連接到大腦的脊髓中萌發出來。神經由稱為神經元的細胞束組成，而神經元就形成了腦部組織。

軸突 神經信號沿長軸突傳遞，刺激其他神經元

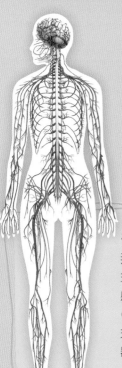

神經系統

那些遍佈身體每一個角落的小神經稱為末梢（外周）神經系統。它們收集來自感覺器官的信息並傳遞到中樞神經系統（脊髓和大腦）然後作出處理。最後通過末梢神經系統將指令傳遞到身體的各個器官和肌肉。

一些神經元的軸突超過一米長，它們是人體內最大的細胞。

分支細胞

人體由許多不同類型的細胞組成。每一種基本上都是液體包膜，內含細胞核，它決定了細胞的作用。而神經元是具有不同尋常結構的細胞，因為它們有着稱為樹突的有絲分支，可以接受來自其他神經元的信息。最長的樹突或者軸突形成了身體的主要神經纖維。

細胞體 細胞生長需要的所有物質在這裏產生

你的大腦袋只有身體重量的3%，但卻消耗了身體總能量的17%。

刺激神經

一個神經元的長軸突像電線一樣可以傳導電信號。一端是樹突細胞，可以接受其他神經元傳導的信號並將信號傳遞至細胞體。那些信號釋放的化學物質可以引發更多的電脈衝，這些電脈衝會分發電信號到其他軸突細胞末端的軸突小結。

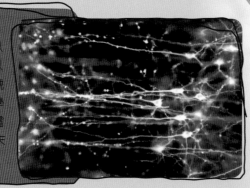

細胞核 控制神經元的所有功能

你可以在一個大頭針的尖端放上30,000個神經元。

傳遞與接收

不同的神經元有各自的工作。感覺神經元接收感覺信號，而運動神經元把信號傳遞到肌肉。這些運動中有些涉及思維意識，特別是如果你從事的是一個熟練的行動。但是像你的心跳和呼吸這樣重要的功能，大多是自動發生的。

髓鞘 保護長軸突並增加神經脈衝的速度

神經網絡

神經元互相連接起來傳遞神經信號。這種活動在腦袋中最為密集。腦袋數百億個神經元形成一個複雜的網絡，類似於電腦中的電路。這個網絡處理通過感知收集的信息，然後儲存到你的記憶中，並賦予你思考的能力。

軸突小結 神經元軸突膨脹的另一個末端釋放化學物質，引發神經信號傳遞

神經電脈衝以每小時400公里的速度沿着神經元軸突傳遞。

樹突 每一個樹突都接收來自其他神經元的信號

反 射

如果你觸碰到仙人掌銳利的棘刺，那麼疼痛信號會從手臂神經發射到脊髓，然後迅速引起神經脈衝，使你的手遠離棘刺。脈衝令中樞神經系統產生短路，引起一個自動的反應，稱為反射。雖然大腦一直知道情況，但它沒有參與其中。你在知道疼痛以前，手已經離開了棘刺。

線粒體 將糖轉化為能量從而為細胞活動供應能量

腦波

你的大腦如同一個電子裝置。當簡單的電子傳感器被其他的腦細胞刺激時，它可以探測到腦細胞的刺激，並且以波的形式顯示出來。那些不同的波形取決於你的精神心理狀態。科學家可以利用各種類型的掃描儀器繪製出腦部工作時候的圖像。那些圖像可以指出腦部組織在處理不同任務時相對應的活躍區域。

中等活動
正電子斷層 (PET) 掃描顯示綠色和黃色的區域是大腦中等活動的區域。

漢斯·貝格爾 (Hans Berger)
1924 年，德國物理學家漢斯·貝格爾首次記錄到腦波。他用銀線將頭部與電子裝置連接起來而顯示腦波。他把第一個記錄下來的波按希臘的字母稱為 α (alpha) 波和 β (beta) 波。從那以後，科學家繼續發現 δ (delta) 波、θ (theta) 波和 γ (gamma) 波。

思考與做夢
不同的精神心理狀態產生不同種類的腦波。一個警覺、思考的狀態能產生迅速而平淺的 β 波，而一個放鬆的狀態會產生一個更緩慢的 α 波。一個更緩慢的 θ 波意味着困倦，而睡眠會產生最慢最深的 δ 波，一種更慢的波。最深沉的 δ 波意味着無夢的睡眠。

β 波：警覺

α 波：放鬆

θ 波：困倦

韋尼克區
腦袋詮釋語言的區域在此處顯示紅色。

現代掃描技術可以使研究人員在腦部處理不同任務時·看到腦的正電子斷層 (PET) 掃描顯示了一個正在談話的人的大腦三維斷層成像·那些負責聽·說的區域在變得活躍時顏色顯得更加明亮·

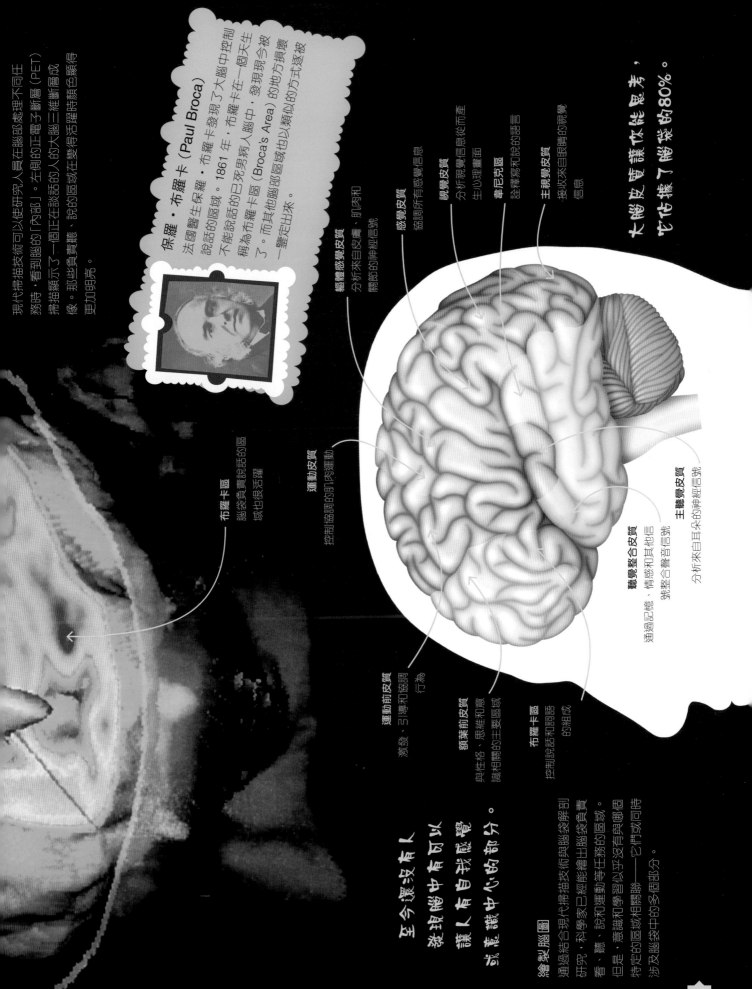

軀體感覺皮質
分析來自皮膚·肌肉和關節的神經信號

感覺皮質
協調所有感覺信息

視覺皮質
分析視覺信息從而產生心理畫面

韋尼克區
詮釋寫和說的語言

主視覺皮質
接收來自眼睛的視覺信息

運動皮質
控制協調的肌肉運動

聽覺整合皮質
通過記憶·情感和其他信號整合聲音信號

主聽覺皮質
分析來自耳朵的神經信號

布羅卡區
腦袋負責說話的區域很活躍

運動前皮質
激發·引導和協調行為

額葉前皮質
與性格·思維和意識相關的主要區域

布羅卡區
控制說話和詞語的組成

大腦皮質讓你能思考，它佔據了腦袋的80%。

至今還讓有人發現腦中有可以讓人有自我感覺或意識中心的部分。

繪製腦圖

通過結合現代掃描技術與腦袋解剖研究·科學家已經能繪製出腦袋負責看·聽·意念和運動等任務的區域。但思·意識和學習似乎沒有和哪個特定的區域相關聯——它們或同時涉及腦袋中的多個部分。

我們都知道「天才」的含義，即那些人擁有超人智慧或令人嘆為觀止能力的人。但是，那些人的特質是與生俱來的還是後天發展的？雖然天生聰明很重要，但很大程度上還是依靠原創性、決心、支持以及努力來成就。

天才是甚麼？

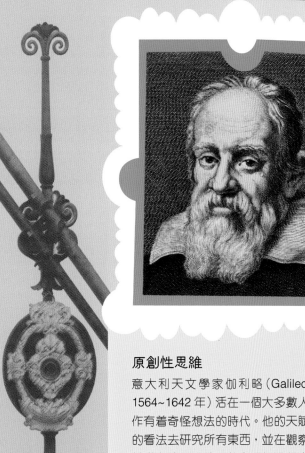

原創性思維

意大利天文學家伽利略（Galileo Galilei，1564~1642 年）活在一個大多數人對宇宙運作有着奇怪想法的時代。他的天賦是利用新的看法去研究所有東西，並在觀察與實驗的基礎上建立理論。他在這個過程中開創了現代科學的先河。

瘋狂的科學家

古希臘哲學家畢達哥拉斯（Pythagoras）因他的數學理論而聞名於世。然而，他同時還是一個行為古怪的人，人們總記得他禁止學生吃蠶豆。許多天才都有古怪的習慣，這是因為他總是全副身心投入工作當中而忽略了其他事情。人們通常稱他們為「瘋狂的科學家」。

天才的想法並不總是受歡迎的。伽利略就因他提倡地球不是宇宙中心的觀點，而陷入極大的麻煩當中。

有一個理論是，要想精通任何事情需要10,000個小時的努力，那大約是10年時間的訓練。

決心

1867 年於波蘭出生的居里夫人（Marie Curie）立志要成為科學家，即使這個職業在 19 世紀被認為並不適合女性。居里夫人最後克服了貧困與偏見，憑着她在放射性的先驅工作獲得了兩個諾貝爾獎。

天才兒童

有些人似乎生來就是天才。1976 年，年僅 13 歲的格瑞・卡斯帕洛夫（Garry Kasparov）就贏得俄羅斯青少年國際象棋比賽冠軍，之後在 1985 年成為當時最年輕的世界國際象棋冠軍。事實上，他的智商與普通人一樣，只是他付出了比別人更大的努力。

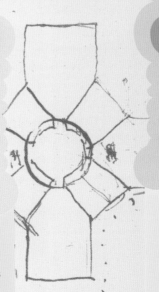

廣闊的視野

有些天才在某一方面極為突出，但也有些人精通許多方面。托馬斯・傑斐遜（Thomas Jefferson）是 1776 年美國《獨立宣言》的主要作者，他還是哲學家、考古學家、建築師、發明家和政治家。他也是美國總統。

鼓勵

美國的維納斯・威廉斯（Venus Williams）和莎蓮娜・威廉斯（Serena Williams）姐妹是世界上最著名的網球選手。她們在少年時就展現出高超的天賦。但她們的成功很大程度上要歸功於從小訓練和鼓勵她們的父母，使她們能培養出眾的能力。

來到

感官世界

大腦與眼睛

人類是視覺生物。我們通過視覺來辨認大多數事情並且以視覺條件來思考。因此對我們大多數人來說，視覺就是主要感官。這意味着我們交予記憶的大量信息都是以視覺圖像的形式存在的。但大腦與眼睛是如何合作以產生那些圖像的呢？

圖像轉換器

你的眼睛是一個內置感光細胞的球狀透明膠體。光線進入你的眼睛，通過晶狀體在眼底細胞上聚焦成顛倒的圖像。這些細胞通過視神經纖維束產生的微小電信號作出反應，並傳遞給大腦。就像數碼相機中的像素一樣，明亮光產生的細胞信號要大於昏暗光產生的細胞信號。然後細胞將圖像轉換成大腦可以處理的電子編碼。

眼部肌肉 六塊眼肌中的一塊可以使眼睛繞着軸轉動

脈絡膜 遍佈於眼睛中層的血管網絡

視網膜 較內部的膜組織，是一層感光細胞

瞳孔 虹膜上使光通過的小孔

晶狀體 有彈性，能改變形狀，以使圖像聚焦

清晰的視野
角膜和晶狀體可以將任何物件反射的光線聚焦，形成一個清晰的視覺圖像。這個圖像會顛倒地在眼睛後方形成。

反射光 可視物體將光反射到你的眼睛

虹膜 虹膜的肌肉可以改變瞳孔中央大小

角膜 眼睛前面的「窗口」，可以部分聚焦圖像

自我調節
每一隻眼睛都有兩個晶狀體。角膜在其中一個晶狀體的前面。在這一晶狀體的後面是另一個由透明膠體形成的晶狀體，覆蓋其上的眼部肌肉可以自動地改變晶狀體的形狀，從而聚焦到貼近或遠離的物體上。帶有顏色的虹膜通過自動地擴大或者縮小中央部分，以調節進入眼睛的光線。

鞏膜 眼白部分組成一個堅固的表層

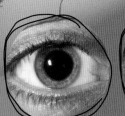

瞳孔擴大

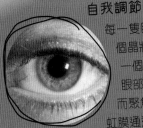

瞳孔縮小

視覺中的顏色

視網膜上的視錐細胞能對不同的基本顏色如紅色、綠色和藍色的強度作出反應。視錐細胞傳遞的信號代表數百萬帶有那些顏色的點。大腦將那些點結合以產生光譜中的其他的顏色，就像這幅簡單的圖畫一樣。

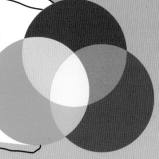

心理成像

視網膜上的細胞將光線轉化為電信號，然後電信號會被傳遞到大腦的視覺皮層並形成正立的思維成像。

視覺皮質 大腦處理視覺信息的部分

視神經 視神經纖維束連接到感覺細胞

感覺細胞

圖像聚焦在視網膜上的感覺細胞上。視桿細胞對暗光敏感，而視錐細胞能夠檢測帶顏色。

暗適應

當你在晚間關上房間的燈時，你看見的東西不多。但過了數分鐘後，你能看到的東西就會越來越多。這是因為眼睛中的感光細胞可以適應昏暗的光線水平——但這需要一些時間。這時，如果你再打開燈，就會覺得光線刺眼，這是因為眼睛已經適應了黑暗。它們必須重新適應明亮的環境，而這個從黑暗到明亮的適應過程要快得多。

每隻眼睛上約有1億2,600萬個感光細胞。其中視桿細胞有1億2,000萬個，視錐細胞有600萬個。

奇怪的效應

明亮的光線和對照的圖案可以導致一個奇怪的效應。例如，如果你凝視某些東西1分鐘，然後閉上眼睛，你就會看到一個相反顏色的殘像。圖像上每種顏色都被相反的顏色取代，所以下圖上黃色和紅色的花看上去是藍色和青綠色的。這是你的大腦處理顏色時所產生的副作用。

盲點

視神經離開眼睛的那一點不能檢測光線，但你的大腦會自發產生信息去彌補這個空隙。你可以用上面的圖畫來進行測試。伸直手臂舉起這本書，閉上右眼，聚焦在十字上。緩慢地將書移向自己。當它落到你的盲點的時候，輪子中心的那個黑點就會消失，但大腦會產生輪子的輻條以彌補空隙。

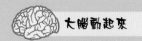

欺騙眼睛的
圖片

這個畫廊中所有圖畫產生的視覺幻象都會欺騙你的眼睛和大腦。它們會令眼睛和大腦以為靜止的圖像在移動、顏色發生改變甚至是圖像消失了，而事實上並非如此。

這是直的嗎？

右圖中的水平線看上去是一條條波浪線，而事實上它們都是非常筆直的水平線——用尺子比一下再看看！我們的大腦將水平線看成了波浪線，是因為那些從上到下的脫節黑白線，使一些水平線看起來比其他的距離近一些。

它在移動嗎？

只要你不是只注視着圖案上某個點幾秒鐘，這幅圖畫上的圖案就看似在移動。這個現象說了何謂外周視覺漂移。當我們沒有直接地看圖案的時候，大腦會把顏色和對比接收成移動形態，而當我們讓眼睛凝視一個點的時候，這個效應就消失了。

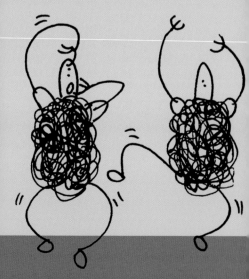

哎呦！

如果你將眼睛移到左邊的圖案（稱為大內錯覺）上，你會發現中間那個圓形的圖案看起來是移動的或與後面的正方形圖案分離，甚至會在前面旋轉。這種假象還沒有完全被理解清楚，但很可能是由於大腦在你不直接看它的時候，不清楚圓圈在哪裏終結所致。

跳躍的金魚

凝視金魚頭部中間粉紅色的圓點 15 秒鐘，然後看空罐子中那個黑色的圓點。你會發現金魚已經在新家裏了。之所以發生這種情況，是因為金魚的殘像仍然停留在你的眼睛後方。

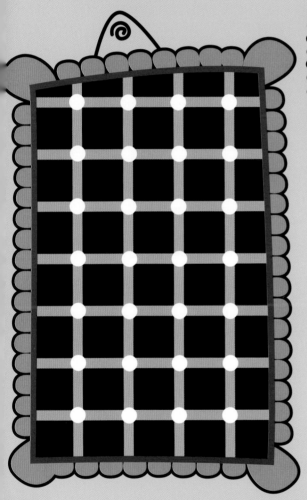

看圓點

這幅圖叫做閃爍網格，因為當你看它的時候，會有黑色的圓點在矩形中的交點之間閃爍。這個現象發生的原因還有待解釋，但如果你將頭部傾斜到另一邊，這個現象就會減弱。

顏色對照

哪一個綠色的十字看起來更淺色？大部分人會說右邊的十字。這也許看起來很奇怪，但事實上這兩個綠色的十字毫無差別。這種幻象稱為同時對照，它說明了我們會基於周邊的環境來接收顏色。

你是如何看到的

你的眼睛可以將視覺圖像轉換成大腦能夠處理的電子編碼並儲存在大腦中。正是這個心智過程影響你是如何看到這個世界。欠缺了它，你的世界將沒有形狀、沒有顏色。大腦還可以通過把視覺效應轉換其他形式的信息而對它們作出反應。這有助你判斷深度、形狀和距離。

視差

如果你閉上一隻眼睛並且靜止地看一處景物，那麼它看起來像一幅平面的圖畫。若是你的頭部來回移動，你將得到立體而有景深的影像。這是因為物體離眼睛越近，它的移動會比離得遠時移動得更加明顯，而大腦會把這種差異解釋成深度。當你從疾駛的汽車的窗口往外望時，視差效應會十分明顯——靠近的物體像這些柱子，會一閃而過，而遠方的物體如樹木幾乎動也不動。

遠景

大腦判斷距離的另一種方式是解碼遠景。當你仰頭看高樓大廈時就會出現這個效應。雖然你知道高樓仍然是直立的，但它們看起來卻互相傾斜。大腦會基於這種知識作出自動計算，並轉化為高度。

空中視角

在長形風景圖中，你的大腦還可以用另一種線索去估計距離。這種線索稱為空中視角，它通過空氣中水分與灰塵對遠距離物體的影響，來描述物體的顏色。這在山區尤為明顯，就像這幅風景圖一樣，遠距離的山看上去比較近的山的顏色淡和藍。當太空人登陸月球的時候，因為月球上沒有空氣，所以在欠缺這種效應下，會讓太空人誤以為遠處的山離得比實際上近。

我們會用上10種不同的方式來判斷距離與深度，可見它對我們來說是多麼重要。

光與影

物件通常是從上方照亮的，按物件不同的形狀投射出不同的影子。你的大腦利用這個現象來判斷物體的形狀，有助你分辨一個球體和盤子的差異。這一效應出於本能，即使在二維圖像上也適用。這些形狀看起來像是一個凹陷被四周的突起圍繞起來，但是如果你將這頁倒轉來看，就會發現這幅圖變成了一個突起被四周的凹陷圍繞起來了。

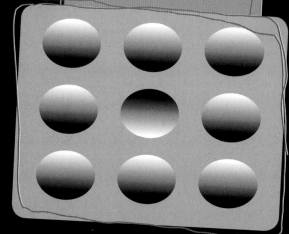

視覺假象

存在記憶中的信息會幫助你了解你看到的景象。但它也可能會通過提供錯誤的信息造成視覺混亂。在沙漠的海市蜃樓幻象中，藍色的「水」其實是天空的一部分。「水」在錯誤的地點出現是因為影像被一層非常熱的空氣扭曲了。因為你知道那不可能是天空，所以你會假設那是天空在一潭池水中的倒影。

一般人可以辨別出從紅色到紫色的可見光譜中200種不同的顏色。

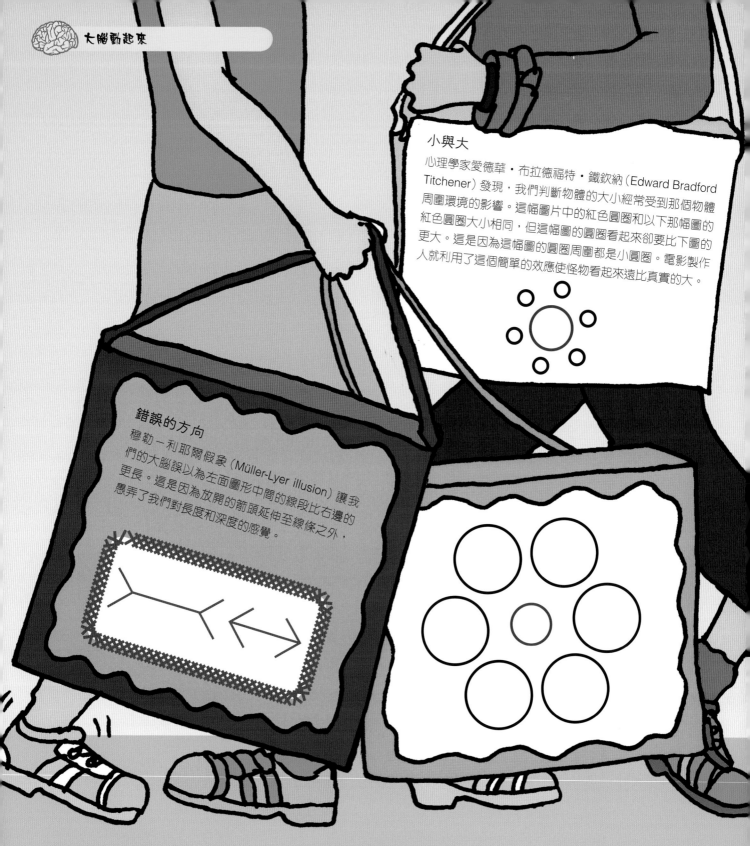

小與大

心理學家愛德華・布拉德福特・鐵欽納（Edward Bradford Titchener）發現，我們判斷物體的大小經常受到那個物體周圍環境的影響。這幅圖片中的紅色圓圈和以下那幅圖的紅色圓圈大小相同，但這幅圖的圓圈看起來卻要比下圖的更大。這是因為這幅圖的圓圈周圍都是小圓圈。電影製作人就利用了這個簡單的效應使怪物看起來遠比真實的大。

錯誤的方向

穆勒－利耶爾假象（Müller-Lyer illusion）讓我們的大腦誤以為左面圖形中間的線段比右邊的更長。這是因為放開的箭頭延伸至線條之外，愚弄了我們對長度和深度的感覺。

只要用一些簡單的線條和圖形就可以產生最有效的視覺假象。那些假象愚弄我們對角度、大小和形狀的感覺，讓我們對看到的事物作出無意識的假設。甚至即使我們知道假象的原理，我們也很難擺脫掉它們。

簡單的

這是正方形嗎？

圖片中的同心圓圈讓我們的大腦誤以為圖像具有深度。同時，它還使藍色正方形筆直的邊看起來像是向內彎曲。

叉的線條

個假象是由德國天物理學家約翰・卡・弗里德里希・左納（Johann Karl Fredrich Zöllner）發現的。四條平行的直線看起來是傾斜的。科學家還不能解釋為甚麼我們會把垂直的線看成是傾斜的！

有一些點

在這幅圖案中，圓點好像連接了一個個十字，但事實上那些圓點並不存在——它們不過是線條之間的空隙而已。科學家對於這個假象原理還沒有達成一致的解釋——我們看到了圓點，是因為大腦從圖形信息中找出了圓點的輪廓？還是因為大腦在獲得我們所看到的圖案信息前，就已被假象迷惑了？

二合一

這個簡易的圖案包含了兩個假象。這產生了第條給人一種延伸到遠方的景象。黑色的線二個假象：圖案頂部的紅色橫線看起來比底部的紅色橫線長。事實上，兩條線長度相同。

假象

壓力波

聲音以壓力波的形式在空氣中傳播。你可以想像：推動彈簧的一端使彈簧線圈受到擠壓。受擠壓的線圈之後彈開並推動其餘的線圈，再擠壓更多線圈以產生壓力波傳遞給下一段彈簧。聲音通過同樣的方式在空氣中進行傳遞，如同空氣分子受到了快速振動而擠壓在一起。

你是如何聽到的

高與低

許多聲音有其獨特的音調——特別是來自於樂器的聲音。高音來自於迅速的振動，而低音則由較緩慢的振動所產生。豎琴的短弦振動頻率高於長弦，所以可產生較高的音階。

如果你看到一隻貓穿梭於草叢中，你會發現牠的耳朵一直在顫動，牠正在捕捉隱蔽獵物發出來的微弱聲音。我們雖然不能顫動耳朵，但是我們能夠以相似的方式來監聽周圍環境，並且遠離危險。我們還會用聽覺來溝通和欣賞音樂。與其他感覺器官一樣，有賴身體器官收集信息並轉換成大腦可以處理的編碼，才可能有聽覺。欠缺了這個心智的過程，人就聽不到任何聲音。

聲調的改變

所有聲音都是由混合的聲調所組成。甚至樂器也有這些高音調與低音調，可以為聲音賦予特色。它們可以解釋如高音薩克斯管這類金屬樂器和木質的單簧管在演奏同一音節時產生的聲音會有所不同的原因。

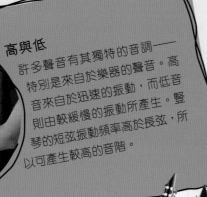

耳廓 耳朵的外部皮瓣

定向

你可以通過測量聲音對兩隻耳朵的影響，來判定聲音的來源。如果左耳聽到的聲音大於右耳，那麼聲音就來自左邊。但是，人類的大腦並不善於測量聲源的高低。例如，如果你試圖在叢林中定位一隻正在鳴叫的鳥，那麼對高度的測量要比對左右定向的測量難得多。

人聽高音的能力會隨着年紀增加而逐漸減弱，所以兒童可以聽到成人聽不到的高音。

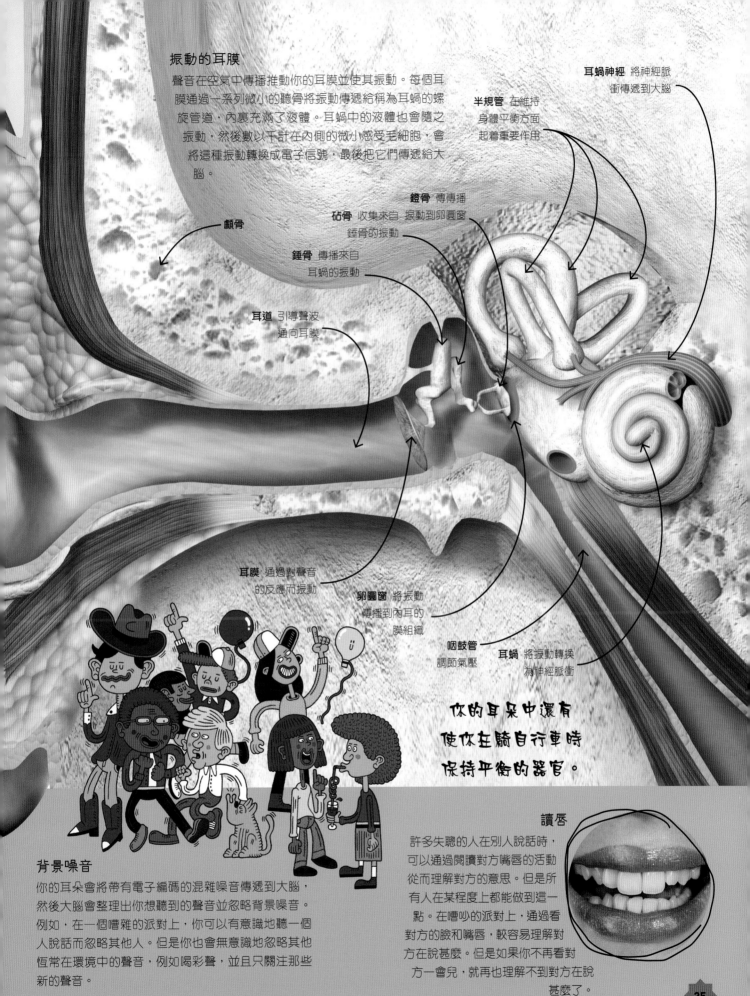

振動的耳膜

聲音在空氣中傳播推動你的耳膜並使其振動。每個耳膜通過一系列微小的聽骨將振動傳遞給稱為耳蝸的螺旋管道，內裏充滿了液體。耳蝸中的液體也會隨之振動，然後數以千計在內側的微小感受毛細胞，會將這種振動轉換成電子信號，最後把它們傳遞給大腦。

顱骨

錘骨 傳播來自耳蝸的振動

砧骨 收集來自錘骨的振動

鐙骨 傳傳播振動到卵圓窗

耳道 引導聲波通向耳膜

半規管 在維持身體平衡方面起着重要作用

耳蝸神經 將神經脈衝傳遞到大腦

耳膜 通過對聲音的反應而振動

卵圓窗 將振動傳播到內耳的膜組織

咽鼓管 調節氣壓

耳蝸 將振動轉換為神經脈衝

你的耳朵中還有使你在騎自行車時保持平衡的器官。

背景噪音

你的耳朵會將帶有電子編碼的混雜噪音傳遞到大腦，然後大腦會整理出你想聽到的聲音並忽略背景噪音。例如，在一個嘈雜的派對上，你可以有意識地聽一個人說話而忽略其他人。但是你也會無意識地忽略其他恆常在環境中的聲音，例如喝彩聲，並且只關注那些新的聲音。

讀唇

許多失聰的人在別人說話時，可以通過閱讀對方嘴唇的活動從而理解對方的意思。但是所有人在某程度上都能做到這一點。在嘈吵的派對上，通過看對方的臉和嘴唇，較容易理解對方在說甚麼。但是如果你不再看對方一會兒，就再也理解不到對方在說甚麼了。

聽起來像甚麼？

滔滔不絕！

你每天都在聲音的圍繞下度過。聽一聽，並指出你能辨別的聲音有多少。

你需要：

- 筆和筆記本
- 一個良好的嘈雜環境，例如超市或者操場
- 計時器

第一步

請父母帶你去所選擇的地方。在 1 分鐘的時間內，試着記下你能聽到的所有聲音。你會驚奇地發現你能辨別出如此多的聲音。

第二步

讓你的父母也同樣記錄他們所聽到的聲音。他們也聽到同樣的聲音嗎？

🌀 因為隨着年齡增長，人的聽力會下降，所以在你父母所臚列的名單上，可能少了幾種聲音。

兩隻耳朵還是一隻？

你能夠只用一隻耳朵聽聲音嗎？還是你需要兩隻耳朵才能確定聲源？試做這個活動來尋找答案。

你需要：

- 眼罩
- 能夠發出獨特聲音的物件，例如湯匙、鬧鐘、口哨和樂器
- 藥棉
- 一起參加的朋友

第一步

讓一名參加者戴上眼罩，並確定他（她）的耳朵沒有被遮住。然後請其他人站在戴眼罩的人附近。

第二步

給戴眼罩的人以外的所有人一個物件，讓他們逐一用那些東西發出聲音。然後詢問戴眼罩的人有哪些聲音及它們的來源。記錄他（她）正確答案的數量。

第三步

現在，用藥棉堵住戴眼罩的人的耳朵以阻隔聲音，重複用不同物件發出聲音，再次記錄結果，然後比較兩次成績。看看是否第二次的成績較差？

🌀 聲音到達兩隻耳朵的時間略有不同，因此可以傳送不同的信號給大腦。大腦利用這一點就可以檢測出聲音的方向和距離了。

人體中最小的三塊骨頭在耳朵中，
其中最小的那塊稱為鐙骨，
大概只有米粒那麼大。

尔能聽到些甚麼？你的耳朵可以聽到從輕聲細語到電話鈴響各種各樣的聲音。試着做以下的活動以了解我們通過耳朵處理了多少信息。

你在太空中甚麼也聽不到。這是因為聲音傳播需要像空氣或水這樣的媒介。

那是甚麼？

通過辨別這些富挑戰性的聲音來檢測你的聽覺。

你需要：
- 紙張
- 膠紙
- 剪刀
- 三個空瓶子
- 生米
- 乾豌豆
- 未煮的麵條
- 空袋子
- 一起參加的朋友

第一步
把生米、乾豌豆、麵條分別裝到三個不同的空瓶子中，讓參加者聽晃動每個瓶子發出的聲音一次，然後再把瓶子用紙張包好放到袋子中。

第二步
讓參加者閉上眼睛逐一選擇瓶子。他們能夠通過搖晃瓶子來確定裏面是甚麼嗎？

你的聽覺有多強？在生活中，你的大腦可以儲存遇到的各種信息，有助你在遇到時辨別出這些聲音。

發聲的瓶子

在這個活動中，可以試驗出高音和低音。

你需要：
- 三個空玻璃瓶
- 一壺水

第一步
將不同份量的水倒入兩個玻璃瓶中，留下一個空瓶子。如果你吹空瓶子的瓶口，它就會發出低音。如果倒入一些水後再吹，音調就會變高，水越多音調越高。

第二步
如果你敲擊瓶壁，那正好得到相反的結果：空瓶子音調最高，裝滿水的瓶子音調最低。

當瓶子半滿的時候，瓶子內沒有多少空氣，因此空氣的振動較快，隨之產生高音調。而當瓶子是空時，振動較慢，音調也變低。但是，當你敲擊瓶壁的時候，是玻璃瓶和水振動產生聲音。水的份量越多，音調越低。

1762 年，年僅 6 歲的莫札特就已經與他的父親利奧波德和姐姐南妮兒在法國巴黎同台演出。

莫札特

一些人看起來對音樂有着非凡的天賦，他們在很年輕的時候就能嫻熟地演奏音樂，甚至有幾個在還是兒童時期竟然可以譜寫出管弦樂協奏曲—這對大多數人來說是不可能做到的，而莫札特（Wolfgang Amadeus Mozart）就是世界上其中一位最著名、最有天賦的音樂家。

天才兒童

1756 年在奧地利出生的莫札特有一個專業音樂家的父親，因此他可於一個適合的家庭中學習音樂。在他學會認字前就可以讀樂譜，5 歲的時候就可以演奏並作曲了。他的姐姐也是一名音樂家。當莫札特 6 歲的時候，他的父親就帶着他們在歐洲巡迴演出，展示兩姊弟的天賦才華。

即興的天才

莫札特在演奏的時候經常會靈光一閃，創作各種主題音樂的變奏。根據一位看過他在幼時演奏的人說，他可以即興創作超過一小時以上，這種天賦令即使是成名的音樂家也驚嘆不已。但是，莫札特在音樂上這種把音樂組合的天賦不過是小把戲，真正的挑戰是能夠花時間創作出激動人心且流傳百世的音樂。

這幅畫描繪了莫札特約 26 歲時對華麗服飾的喜好。

莫札特坐在厚厚的坐墊上用風琴為貴族聽眾演奏音樂。

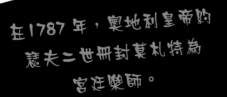

在 1787 年，奧地利皇帝約瑟夫二世冊封莫札特為宮廷樂師。

興趣和遊戲

儘管莫札特有着驚人的音樂天賦，但他並不只專注於音樂。他還喜歡騎馬、跳舞和打桌球。他在維也納賺到大錢後買了一張球桌和一座新鋼琴。莫札特還因其幽默感而著名，部分原因是因為他很喜歡開玩笑。他還喜歡穿華麗的服飾，有次更被形容為穿上「深紅色的皮上衣和戴金色蕾絲三角帽」在舞台上表演。

音樂記憶

莫札特擁有令人驚嘆的音樂記憶力。他曾經能夠只聽兩遍別的音樂家撰寫的樂曲，就把曲譜完整地寫下來。他能夠吸收別人音樂中的特色並與自己的音樂整合起來，從而創作出新穎的、高雅的、富有力量的音樂。許多人認為那些都是他寫過最美麗的樂章。

17 世紀末的典型小型管弦樂團，其中有作曲家負責鍵盤樂器的協奏。

勤奮的工作者

雖然莫札特有過人的音樂天賦，但他同時也十分勤力。莫札特為每首樂曲寫過很多草稿，並在每個版本上加入很多細節，直到他完成整首樂曲。如果他沒有時間並且要獨奏鋼琴部分，有時便會為其他演奏家寫出他們的部分，而自己的部分則依靠記憶，或邊演奏邊創作。

自由作曲家

在 1781 年，莫札特拋棄了 18 世紀的慣例而成為一位自由作曲家和音樂家。一開始他成績不錯，但是在 1790 年突然生病，並於 1791 年去世，年僅 35 歲。在莫札特短暫的一生中，他譜寫了超過 600 部作品，包括了交響曲、歌劇和供多種樂器共同演奏的協奏曲。

雖然莫札特是當時
最著名的音樂家，
但他一生人的財運平平，
到逝世時幾乎身無分文。

味覺和嗅覺

我們的味覺和嗅覺密切相關，它們都可以令我們享受到食物的美味。但是嗅覺在其他方面也十分重要。嗅覺可以讓你警覺危險，以及幫助你認出熟悉的地方、物件甚至是人。大腦對氣味的反應出乎意料地敏感，尤其是久存於記憶中的氣味。

大腦皮質 分析並連結味覺與嗅覺

嗅球 收集氣味信號並傳送到大腦

嗅覺受體 探測空氣中的氣味分子

鼻腔

舌頭

神經纖維 收集味蕾上的信息

味蕾

大部分感覺味覺的感受器細胞都集中在舌頭上，這些細胞聚集成簇，稱為味蕾。舌頭上大概有 10,000 個味蕾，每個味蕾又包含了 50~100 個頭部有着味覺「纖毛」的香蕉狀細胞。當你吃東西的時候，唾液和溶解了的食物通過味孔進入味蕾。細胞通過將神經脈衝傳遞到大腦而對食物中的化學物質作出反應。

味孔　　味覺纖毛

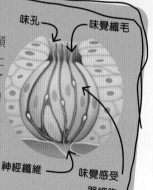

神經纖維　　味覺感受器細胞

簡單的味道

你的味蕾一般只可以區分五種不同的味道：酸、甜、苦、味香、鹹。這個味道組合有限，不足以解釋你品嚐過的各種味道，這是因為你的嗅覺在「品嚐」食物上也起到了至關重要的作用。如傷風、感冒這樣感染可以短暫讓你失去嗅覺，之後你就會發現不能嚐到更多的滋味了。

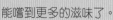
鹹

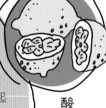
酸

甜

味香

苦

氣味信號

人類的嗅覺不如許多動物般靈敏，但卻遠比自身的味覺精煉，使你可探測到數千種氣味。當你呼吸的時候，空氣中數千個氣味分子被兩組位於鼻腔上方的感受器細胞探測到。那些細胞上的神經纖維會通過顱骨到達嗅球，神經細胞在那裏將已編碼的氣味信息傳送給大腦。

我們都擁有自己獨一無二的氣味識別。這是由包括基因、飲食和皮膚類型等諸多因素決定的。

本能反應

嗅球是位於腦幹頂部邊緣系統的一部分。邊緣系統是大腦記憶和情感作用的重要區域。這就解釋了氣味可以引發強烈的情感波動和清醒休眠的記憶的原因。氣味信息也會被傳遞到大腦皮質，從而得到有意識的分析，但這比引發本能反應的時間更長。

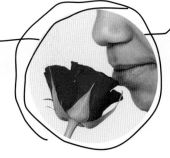

丘腦 接收腦髓質中的味覺信號並將它們傳遞到皮質

腦髓質 接收味覺信號並傳遞給丘腦

腦幹

專業的感覺

有些人通過他們的鼻子來謀生，包括香水製配師，以及不那麼明顯的葡萄酒鑒定師和茶葉混合師。例如，茶葉混合師會「品嚐」茶水，但其實他們的味蕾並不能鑒別它們。他們利用靈敏的嗅覺以確定哪幾種茶葉搭配起來味道會更好。

敏銳的 感覺

嗅覺和味覺與其他感覺不同，它們主要通過探測化學物質而發揮作用。我們的嗅覺可以分辨達 10,000 種不同的氣味，而有些人更有特別敏銳的味覺和嗅覺。試着做以下的活動，以更了解你的嗅覺和味覺吧。

在太空的失重狀態下，食物的氣味很難到達鼻子。所以太空人嚐不到很多食物的味道。

阻塞的鼻子

阻塞的鼻子會影響味覺嗎？跟着以下的步驟並找出答案。

你需要：
- _ 選擇幾種具有不同程度味道和氣味的食物
- 一杯水
- 兩位朋友

第一步
讓第一位朋友品嚐食物，在換食物前用清水漱口，並記錄結果。

第二步
讓第二位朋友人重複第一個步驟，但這一次讓他（她）捏住鼻子。看看誰的味覺更靈敏？

當你不能聞到所吃的食物時，很難辨認出食物的味道。所以當你因感冒而鼻子不暢通的時候，食物吃起便會淡然無味。

眼見為實！

你善於辨認你所吃的食物是甚麼嗎？

你需要：
- 選擇一些不同口味的果凍
- 一些盤子和湯匙
- 眼罩
- 兩位朋友
- 紙與筆

第一步
請求成年人先為你做一些果凍。完成後放到盤子上。

第二步
為第一位朋友戴上眼罩，確保他（她）之前沒有看過果凍。然後讓他品嚐果凍並辨認出味道。把結果記錄下來。

嗅覺

試着做以下的測試看看你的嗅覺有多靈敏。

你需要：
- 眼罩
- 至少六個碗和三種具有濃重味道的食物，如香蕉、咖啡顆粒、花或者香皂
- 一位朋友

第一步
將每一種東西分成兩份，分別裝到兩個碗中，將它們分佈在周圍。

第二步
為受試者蒙上眼睛，讓他（她）聞一聞哪兩個東西相同。看看這位朋友的嗅覺怎麼樣。

第三步
讓第二位朋友也來辨認味道，他可以不戴眼罩。把他（她）的答案記錄下來。

第四步
比較兩個實驗得到的結果。戴眼罩的朋友有沒有出錯？需要更長的時間辨認出味道嗎？

◎ 我們的嗅覺遠比味覺靈敏差不多 10,000 倍。它通過檢測外界有毒的氣味對我們發出示警，我們甚至還能僅僅通過嗅覺來判斷食物是成熟還是腐壞了。

◎ 我們習慣於通過看到食物的某些顏色從而判斷它們的味道。

化學因素

試驗唾液有否幫助你品嚐食物。

你需要：
- 紙巾
- 選擇如餅乾、蛋糕或薄餅等乾燥的食物
- 兩位朋友

第一步
用紙巾輕拍其中一位朋友的舌頭，擦乾舌尖上的唾液。第二位朋友可以正常地品嚐食物。

第二步
分別請兩位朋友品嚐這些乾燥食物，並把他們可品嚐到的味道記錄下來。

◎ 食物中的化學物質只有在被唾液溶解的情況下，才能進入味蕾。

一個兒童大概有10,000個味蕾，而成人也許只有5,000個。

感覺與觸覺
是如何產生的

皮膚是人體最大的器官。它有着許多的功能，包括防止病毒的入侵，並且還能提供周圍環境中的重要信息。皮膚是通過數百萬個感受器細胞來實現這些作用。那些感受器細胞可以感受到不同類型的刺激—從輕微的觸碰到尖銳的刺痛。

自由神經末梢
感受觸碰、壓力、
疼痛和溫度

丘腦

敏感的皮膚
人類皮膚至少有六種感受器。其中一些是神經末梢分支，而另一些是盤狀或膠囊狀末端的神經纖維。這些感受器可以感受到不同種類的壓力、振動、摩擦、溫度的改變以及實質損傷。還有一些神經末梢被包裹在毛髮根部，對觸碰和周圍空氣的流動產生反應。

默克爾盤
對輕微觸碰和
壓力作出反應

髮根感受器
檢測毛髮運動

大概有1,800萬個皮膚
感受器在持續不斷地為
大腦提供信息。

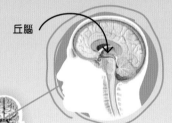

信號網
來自皮膚的感受信號通過外周神經系統的神經分支傳送到脊髓，隨後到達丘腦。丘腦把信息傳送到大腦中的軀體感覺皮質。丘腦就像一個中轉站，負責傳遞嗅覺以外的所有感覺信息。

指尖控制
你的皮膚上有某些部位比其他部位更加敏感。如果有甚麼東西碰到了你的腿，你肯定能感覺到，但是感覺定位不是十分精確。相比之下，手指卻高度敏感，能夠使你感覺到觸碰事物的質地。因此盲人可以借助指尖閱讀盲文。

感覺地圖

這個看起來很奇怪的人形顯示了大腦對身體不同部分的觸碰有甚麼程度的反應。它看起來奇怪是因為人形上身體每個部分的大小，是根據所具有的感受器數量多少來繪畫的，而不是根據實際上身體的比例。手掌遠比腳掌大是因為手掌上有更多感受器。

髮軸
伸出皮膚表面並對觸碰和空氣流動作出反應

表皮
皮膚的外層

身體上最不敏感的部位是後背中部。

真皮
包含了血管、腺體和神經末梢

麥氏觸覺小體
處於皮膚敏感區域的觸碰感受器

巴氏環層小體
對壓力和振動較為敏感

習慣

雖然大腦會對皮膚上新的感覺信息有較強烈的反應，但是在信息的持續或重複的傳遞過程中，身體會逐漸適應這種狀態。這種效應對於所有感知都起作用，最明顯的例子是接觸。例如，如果你拿一枝鉛筆平放在手掌上，你會一直有感覺，但沒過幾秒，這種感覺就變得極其微弱了。這是因為一些皮膚感受器停止傳送信號，但其他的感受器仍在工作。

感受疼痛

由損傷細胞釋放的化學物質前列腺素和組胺，可以引起皮膚上神經末梢的疼痛感。一般有兩種疼痛反應。一種是短暫而尖銳的疼痛，可以使你藉着反射作用猛然移開放在燃燒蠟燭上的手。另一種較緩慢，發生在反射之後，給予我們持續的痛感，警告我們有機會發生的長期痛楚。

45

觸覺
與分辨

幸運抽獎

你的觸覺如何幫助你辨認事物？

你需要：

- 開了兩個洞的盒子或者枕頭套
- 各種大小尺寸的物品，比如杯子、湯匙、小球、蘋果、海綿、石頭、松果和羽毛
- 襪子或手套
- 一位朋友

第一步
將一些物品裝到盒子裏或者枕頭套中。讓你的朋友伸手僅用觸摸來斷定裏面的物品。

第二步
現在讓你的朋友把襪子或手套戴在手上並觸摸物品。這次正確率會有所改變嗎？

⊚ 當將手被套住後，我們難以通過觸覺來判斷事物。這是因為那會減少傳送到大腦的觸覺信息。

工作中的藝術家！
你能僅用觸覺就判斷出物體的大小、材質和形狀嗎？試做以下的活動來找出答案。

你需要：
- 開了洞的盒子
- 一些物品，像羽毛、蘋果、書和錢包
- 鉛筆與紙
- 一位朋友

第一步
讓你的朋友把手伸入盒子中並選擇一個物品。

第二步
讓你的朋友閉上眼睛，感覺物品，然後再讓他在紙上畫出物品的形狀和大小。請他（她）也描述物品的材質。

第三步
比較一下畫出的物品與真實的物品。你的朋友畫得是否精確？

⊚ 我們皮膚下有各種不同種類的感受器。它們使我們僅通過接觸就可以知道物體的很多信息——無論這個物體是軟是硬、它的形狀和大小。

我們手的手指比身體上其他任何部分的感受器都要多。

你的身體上遍佈着接觸感受器，可以感受到不同種類的感覺，比如壓力、疼痛和溫度。你可以通過以下的活動來探索你的觸覺。

敏感的接觸

這個活動可以顯示你的身體某些部分比其他部分更敏感。

你需要：
• 萬字夾

第一步
拉直萬字夾，使萬字夾彎曲成馬蹄形，並且兩端相距 1 厘米遠。

第二步
閉上眼睛或看向別的地方。讓萬字夾從食指開始劃向掌心再劃向前臂。你能感覺到前臂上萬字夾的兩端嗎？

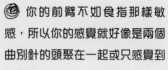

◎ 你的前臂不如食指那樣敏感，所以你的感覺就像是兩個曲別針的頭聚在一起或只感覺到一個點。

熱還是冷？

跟從以下的步驟，看看你的溫覺感受器如何體驗到溫度變化。

你需要：
• 三個塑料杯
• 冰水、溫水和 40~50℃ 的熱水。請成年人事先用溫度計檢驗
• 計時器

◎ 從冰水伸進溫水的食指會感覺到暖，而從熱水伸進溫水的食指會感覺到涼。這是因為感受器不是感受水中的溫度，而是與先前的溫度作出比較。

第一步
分別向三個杯子倒入冰水、溫水和熱水。將左手食指放入冰水中，右手食指放入熱水中，並在水中浸 1 分鐘。

第二步
將兩隻食指再浸入溫水中。你的身體能感受到溫度變化嗎？

47

欺騙 大腦

是真是假？

任何魔術看起來都像是打破了自然法則，諸如讓物體消失或讀出別人的思想。有些人堅信魔術真實就像他們相信鬼魂一樣。一些如巫毒教的宗教教派都是以魔術為基礎的。但我們大部分人都清楚魔術不過是一種欺騙的手段，即使我們不知道那是如何做到的，而這就成了一種樂趣。

幻象

魔術師向空中扔球，同時眼睛跟隨着球移動。但他在第三次扔球使了魔術，眼睛好像也跟着球移動，但在你看來，球好像消失了。這個幻象的原理是景象到達大腦前會發生延遲。大腦會編造出信息來填補此一空白——而那些信息有時是錯誤的。

犯罪的欺騙

我們把魔術和表演藝術家扯上關係，但是熟練的騙子和小偷也用上相似的手法。如果你觀看魔術表演時不知道表演者是如何做到的，那麼你也不一定會意識到，有人先在大街上轉移你的注意力，然後由同黨偷走你的錢包。所以必須小心！

魔術表演者有時被稱為幻術師，這是因為他們能夠創造出魔術般的幻象。他們或會利用一些專門的工具來達到目的，但是他們經常傾向於分散觀眾的注意力、誤導觀眾或對觀眾進行心理暗示。這一切都需要對思維工作的原理有著深刻的理解。

魔術師在「心理學」這個詞語出現以前的幾個世紀就已經開始應用它了。

分散注意力

多數魔術師在表演魔術的時候，會一隻手做事，同時用另一隻手去分散觀眾的注意力。這種行為會使人集中一件事而忽略其他事情。這個魔術讓所有人的注意力都集中在一張卡片上，所以沒有人發現他偷偷地將一張卡片放入口袋中，造成卡片「消失」的假象。

控制

魔術師影響觀眾的另一種辦法，是對他們進行心理暗示。一個例子就是「抽卡片」魔術。魔術師會迅速抽取一疊有 10 張相同卡片的卡。如果他讓別人說出一張卡片，那麼那個人一般會選擇那張有幾張相同的卡片。

魔術與心理學

科學家對魔術的原理越來越感興趣。部分原因是科學家認識到魔術師對大腦研究的時間比他們還要長。研究者希望通過分析魔術師的技術，從而找到新的方式去理解感知和精神活動。這項研究將會得到關於大腦運作原理的新知識。

魔術

卡片的力量

你能夠讓別人在看似隨機的情況下選出特定的卡片嗎？

你需要：
- 一疊紙牌
- 筆與紙
- 信封
- 一位朋友

我們依靠感知去了解周圍的世界。然而，我們的感知也會被愚弄，而如果我們的大腦集中在其他的事情上，就很可能忽略了那些騙術。魔術師將觀眾的注意力從表演確實發生的事上轉移開。試着做以下的魔術，看看你能否欺騙感覺。

第一步

偷偷地將階磚的皇后紙牌放到一疊紙牌中的第三位置。然後在紙上寫下紙牌的名稱並放入信封內。

第三步

讓你的朋友指出兩張紙牌。如果他（她）選擇的是頭兩張，那麼就拿走它們，直接跳到第四步。如果他（她）選擇的是第一張和第三張，那麼拿走中間的那張。如果選擇的是第二張和第三張，那麼拿走第一張。然後請你的朋友選擇另一張紙牌，無論他（她）選擇哪張，你都要確保拿走的不是階磚的皇后。

第四步

請你的朋友翻開剩下的紙牌，然後打開信封。你的預測果然成真了。

第二步

假裝洗牌。讓你的朋友拿出最上面六張紙牌，把它們排列成兩排，每排三張。觀察階磚的皇后紙牌的位置。讓你的朋友選擇其中一排並信心滿滿地拿走沒有階磚的皇后的那一排。

◎ 如果你表演得富有自信，那麼你將能說服你的朋友你是按他們的指示來做事情。事實上，你不過是進行需要的步驟，以使階磚的皇后這張紙牌被選中。

神奇的硬幣

這個魔術需要快速的動作和大量的練習。

你需要：
- 一枚硬幣
- 一位朋友

第一步

面對你的朋友，將硬幣放到左手手掌靠近拇指。

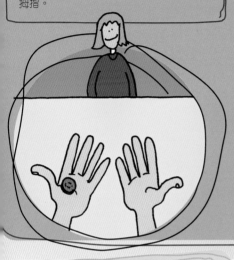

第二步

迅速地將兩隻手翻轉過來，將硬幣從左手下輕彈到右手下。

第三步

請你的朋友說出硬幣在哪隻手之下。然後張開手揭示答案！

🌀 因為你的朋友沒有看到硬幣移動，所以他（她）會誤以為硬幣仍然在你的左手之下。

杯子在哪裏？

你可以使東西消失嗎？在完美的表演前，你需要多次練習。

你需要：
- 一枚硬幣
- 桌子
- 椅子
- 紙
- 塑料杯
- 一位朋友

第四步

將還保持着杯子形狀的紙再次扣到硬幣上。然後猛地用手掌按下去以示杯子消失了。同時說「噢！我讓錯誤的東西消失了！」畢竟只有你自己知道你使正確的東西消失了。

第一步

將一枚硬幣放在桌子上，然後用塑料杯倒扣在硬幣上。告訴你的朋友你會令硬幣消失。

第二步

用紙把杯子包裹起來，以至可以看到杯子在紙之下的形狀。

第三步

舉起杯子和紙，示意硬幣還在裏面。當你和朋友仍在看硬幣的時候，將紙和杯子移到桌子的邊緣，然後將紙中的杯子掉到膝蓋上。

🌀 當你將所有的注意力都轉移到硬幣上而不是杯子上時，你朋友的大腦就不會關注真正發生的事了。

感受你的身體

我們一般認為人類有五種感覺：視覺、聽覺、味覺、嗅覺和觸覺。但是我們也可感受得到那些看起來並不與某種特定感覺相關的事物。它們有點像你身體的意識。雖然大多數這類感覺會影響你的潛意識，但沒有減低其重要性。例如，缺少了平衡感，你就不能站立起來。

平衡

你的內耳中有三條骨質的管道，形成了稱為半規管的彎曲。每條管道的膨脹末端（或者壺腹）包含着可探測彎曲內液體運動（由身體運動影響）的感受器。稱為球囊斑的相似感受器可以檢測到你的直立程度。你的大腦會用這些信號來矯正你的平衡。

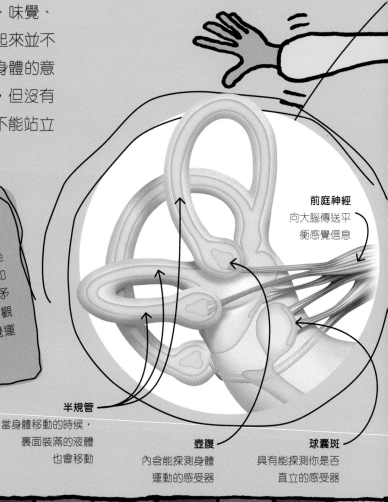

暈動病

對平衡系統的極端刺激，如乘坐機動遊戲，會導致暈動病。如果你的眼睛和耳朵給予大腦矛盾的信息，將會使情況更差。觀看地平線有助大腦正確地感覺運動，或許能減低影響。

前庭神經
向大腦傳送平衡感覺信息

半規管
當身體移動的時候，裏面裝滿的液體也會移動

壺腹
內含能探測身體運動的感受器

球囊斑
具有能探測你是否直立的感受器

內部器官

我們通常不會注意到我們的內部器官，但是我們都會從胃部獲得感覺。有些是食物通過胃部時的模糊感覺，但飢餓的感覺卻更有用。消化問題會導致疼痛，而如果其他器官受損或受感染，它們也可能會受傷。一種失調會釋放可被神經末梢探測到的化學物質，並將疼痛信號傳遞到大腦。

關節感受器

你的關節中的感受器可以探測到身體的運動。它可以幫助你的大腦控制手腳的位置，做出矯正平衡的動作。這對於像接球這樣的動作必不可少。試着閉上眼睛用手指觸碰鼻子——你能做到是因為你可以感覺到手的位置。

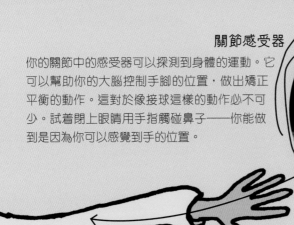

肘關節
內含觸覺感受器

肌肉感受器

你的肌肉中也含有感受器。這些感受器可以感受到肌肉伸展和收縮的程度，以及施加於肌肉之上的力。這信號會被傳送到大腦中稱為軀體感覺皮質的地區受到控制。這可以使一名舉重運動員在舉出破紀錄的重量時感到肌肉緊張，而可在某些肌肉拉傷前放低啞鈴。

小腿肌
這裏的感受器可以感受伸展和收縮

向前踢
這個動作使肌肉伸展，並向大腦傳送信號

雞皮疙瘩

當你受驚嚇或者感到寒冷時，皮膚上的微小肌肉可以使毛髮直立。在很久以前，當人類作為長毛動物時，這種反應可以使自己看起來更龐大，從而嚇走敵人，同時增加了毛髮的隔熱效應。如今，它只會產生一些雞皮疙瘩。你可以感受到它的發生，還會產生出一種毛骨悚然的感覺，增加你的恐懼感。

幻肢

如果你不幸地失去了一個肢體，大腦會依然保持那個肢體的精神圖像，所以即使那個肢體已不存在，你也會感受到疼痛和其他感覺。這種「幻肢」效應看起來是因為大腦軀體感覺皮質中相關的部分控制了其他的肢體，但是對自身的身份產生了混亂。刺激大腦這部分區域會產生感覺到已丟失肢體的幻覺。

亞里士多德犯了的最大的謬誤，是自己犯的錯誤。它是這樣運作的：用食指和大拇指並攏一個小而圓的物體比如他硬幣，你會覺得你在觸碰兩枚硬幣！

你的大腦利用觸覺來探測鼻子的位置。當你接觸朋友用鼻子的感覺干擾了你觸碰自己鼻子的感覺時，你的大腦就會認為你的鼻子已經長到你朋友那裏。

皮諾丘的鼻子

有沒有想過如果有像皮諾丘一樣的鼻子會有甚麼感覺？當試以下的試驗找出答案。

第一步
蒙住自己的眼睛，站在一位朋友的身後。

第二步
用一隻手繞過朋友的臉，觸碰和摩擦他(她)的鼻子。用另一隻手觸碰和摩擦自己的鼻子。過一會你就會開始覺得朋友的鼻子變成了你的，彷彿是你長一個長鼻子！

騙騙你的大腦

有時你的大腦具有自我意識。它可以阻止你去做一些你想做的事情，或者讓你感知到實際上並不存在的物體。試著做以下的實驗並看看神秘的大腦如何運作。

難以抗拒

這個測試顯示了大腦使身體避免受到傷害的其中一種方式，而只有在以下這種情況下，才不能造成傷害。

第一步
讓你的朋友伸直手臂。然後請他(她)在你用兩根手指壓下他(她)的手腕時用力抵抗——你的朋友將可抵抗你在他(她)手臂上施加的力量。

第二步
現在讓你的朋友將一隻腳放在一個低的腳踏路(或一疊書籍或雜誌)上，重複這個測試。

我們通常稱為針刺刺痛發麻的感覺是一種常見的神經異常。當重物壓到神經常常是表皮上的感覺異常的。當重物壓經，就會在皮膚下產生麻木感。血液不再壓經短，當重物移開，的電。當重物移去失。

😊 你的朋友會感覺到沿著手臂的一連串拍打，而不是精確位置的拍打。許多人把這些拍打想像成手臂上有一隻兔子在跳躍。

瘋狂跳躍？
最著名的軀體幻象之一就是這個跳躍的兔子測試。科學家至今仍不能準確地理解它的原理。

第一步
讓你的朋友閉上眼睛，然後輕輕拍打他（她）的手腕五次，然後再拍打他（她）的肘部三次，再在他（她）的肩部附近拍打兩次。你的朋友能感受到到每次的拍拍嗎？

第三步
這一次，你的朋友將無法抵抗你（她）的手臂將隨著你的壓力而下降到一邊。

😊 你是不是突然變得超級強壯了。當你的朋友認為一隻腳抬高，他（她）的大腦會認為脊骨處於一個脆弱的位置，並會轉移身體的對抗力集中保護身體避免受傷害。

有趣的腳
你認為自己善於一心二用嗎？試著做以下的試驗看看會發生什麼。

第一步
坐在椅子上，伸出右腳，讓腳踝以順時針方向轉動。

第二步
現在用右手試著在空中畫出數字6，看看你的腳會發生什麼事！

😊 你的身體難以做出兩個相反方向的運動，特別是當它們處於身體的同一邊時。許多人會發現他們的腳會改變方向或或者畫出一個相反的6。

直覺

我們經常無緣無故地相信一件事情。你也許有時感覺被跟蹤，或以一種有創造性的方式解決問題。我們稱之為直覺、心靈感應，有時也叫做「第六感」。這些直覺感知大概是迅速的人體無意識精神心理活動的結果——利用感覺收集的信息或是儲存於記憶深處的信息。

第六感

你有過認為一件事情，但卻沒有甚麼根據的那種感覺嗎？這種「第六感」效應可能令人毛骨悚然，但它大概是由於大腦收集了來自其他感覺系統的信息線索而產生的，並且讓你在沒有完全了解的情況下引起警覺反應。

心靈感應

感覺意識和同樣的經歷結合起來，大概會產生明顯的心靈感應。雙胞胎看起來經常產生心靈感應是因為他們有着同樣的成長經歷和思維結構。

女性和男性

一般認為女性比男性的直覺更準確。但是心理測試顯示那是錯誤的，男性的直覺同樣準確。這只不過是因為女性較喜歡表現出這種直覺，特別是在朋輩中。

等一下！這好像是焗蛋糕的味道。為甚麼他們會焗蛋糕呢？

啟發性思維

一名職業國際象棋選手也許看起來是用直覺而不是邏輯在下棋。但這種「啟發性思維」更像是經過高度訓練和經驗而產生的結果，使人能認識到棋盤上棋子的特殊排列。這自動地引起關於下一步棋的記憶，而這個行動經常是正確的。

咦？一個氣球？我好像在哪兒見過，但是一定有甚麼事情要發生！

出乎意料！

有時，人遇到難以解決的問題，在暫時放下去做一些其他的事情後，問題的解決辦法會「出乎意料地」出現。這大概是因為不相關的細節被遺忘，因此問題的關鍵元素可以得到重點的思考。那個人也許遇到新的信息，使每一件事都得到理順。

生日快樂！

汪汪！

夢想

人們偶爾甚至會在夢中想到解決問題的辦法。1861 年的冬天，德國化學家奧古斯特・凱庫勒（August Kekulé）試着分析出苯分子的結構。當他在爐火前打盹的時候，他夢到一條蛇咬着自己的尾巴。凱庫勒指出，這個夢讓他得到了苯分子是由碳和氫原子組成的環的線索。

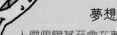

苯分子結構

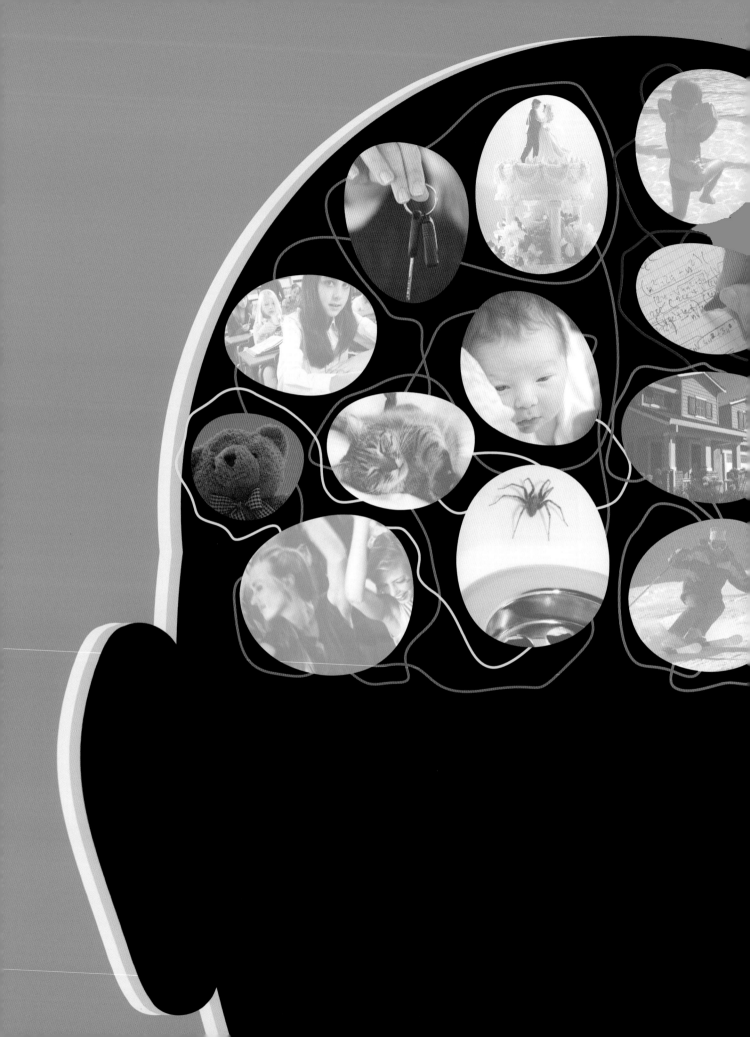

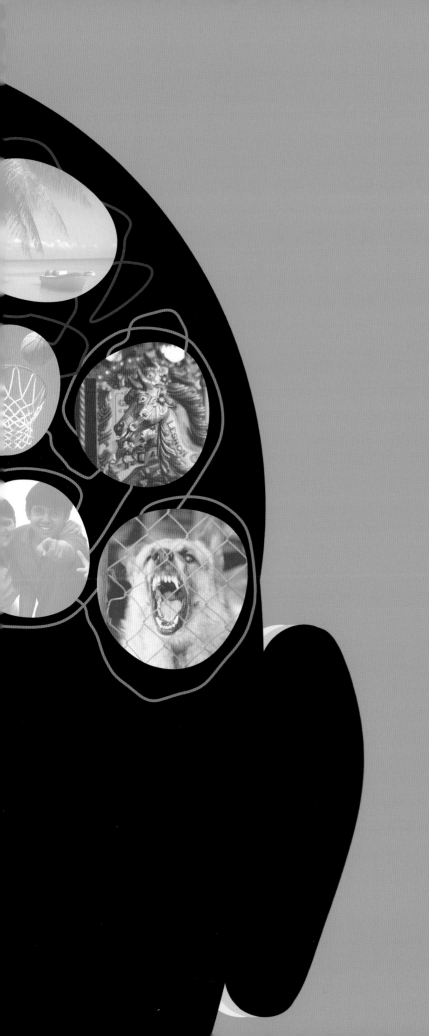

記憶 是如何運作的

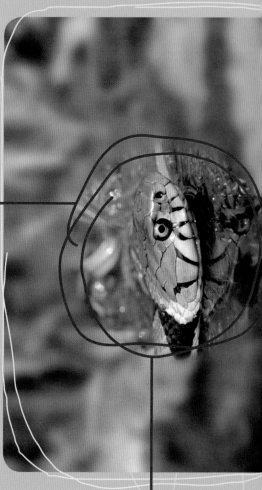

如何 思考?

我們的感覺不斷地接受我們周圍世界的信息。這些信息大多數與我們無關，因此大腦會自動過濾並挑出這些信息。只留下我們需要密切關注的信息。以這種方式收集的信息會儲存在我們的記憶中，成為我們意識思維的基礎。

失明的人經常能憑藉「看到」物件，是因為大腦處理視覺信息的部分仍然活躍。

注意力

感覺收集的信息傳遞到感覺記憶中。如果你沒有注意，視覺信息只會在那兒停留不到一秒。然後就會被清除。注意力是大腦處理任何輸入信息至關重要的第一步。如果你沒有注意，也許你在想其他的事情，那麼信息就很可能從你的腦海中流失。

過濾與集中

給予關注後，你的大腦過濾不相關的信息並集中在重要的信息上。這一般是無意識的過程。例如，水池中移動的閃光會引起你的注意，然後你的注意力就能本能地集中到你正在游泳的部分。

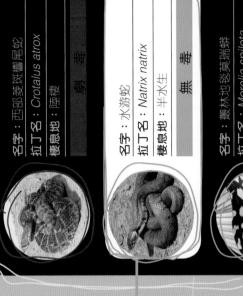

名字：西部菱斑響尾蛇
拉丁名：*Crotalus atrox*
棲息地：陸棲

劇　毒

名字：水游蛇
拉丁名：*Natrix natrix*
棲息地：半水生

無　毒

名字：叢林地毯莫瑞蚺
拉丁名：*Morelia spilota cheynei*
棲息地：雨林

無　毒

把點連接

一般來說，你只看到畫面的一部分，而你必須利用諸存在記憶中的信息補剩下的空白。只要一點線索就足夠了，因為大腦已類似好去了解那些補剩必要的粗略信息。在這種情況下，該動物的頭部看起來變得熟悉，因此你的大腦就以可能帶來帶危險的身體來填補空白。這在你清楚地看到它之前就發生了。

意識思維僅僅是大腦中活動的一小部分，而無意識思維則時時刻刻地持續地進行着，影響你的行為。

貼上標籤

當你的大腦確認了感覺信息屬於重要，便會立刻將信息貼上特定種類的經驗或問題的標籤。這有助大腦作出迅速的反應而不需拘泥於細節。因此，一旦你認出那是一條蛇，你不需要通過心理清單確定判斷是否正確。你已經給蛇貼上標籤並開始退後，畢竟，有些蛇是有毒的。

成見

貼標籤會使我們從動物到人到社會名譽等各種事物，形成一種心理模式，稱為成見。人們懼怕蛇是因為他們認為所有的蛇都歸於有毒的類別。而事實上，這是一頭無害的水游蛇，反映成見經常出錯。大腦的成見習慣有時具傷害性，會導致如種族歧視的社會問題出現。

你的大腦處理你的經歷和所有由感覺收集到的信息。大部分信息最終都被扔掉，但是重要的知覺、事實和技能都被儲存在記憶中。這使你能思考、學習並進行創作。

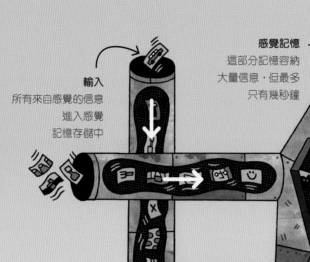

被忽略
感覺記憶中被忽略的所有信息都會被直接除掉

感覺記憶
這部分記憶容納大量信息，但最多只有幾秒鐘

輸入
所有來自感覺的信息進入感覺記憶存儲中

記憶存儲
你的記憶被分成三個部分—感覺記憶、短期記憶和長期記憶。只有最重要的信息才能進入到長期記憶中。剩下的信息都被丟掉。

何謂記憶？

刺激
神經細胞
電信號

注意力
如果你關注任何信息，那麼它便會傳遞到短期記憶中

製造記憶
記憶是由神經細胞之間連接的電信號形成的，並且構成了一個網絡。這個網絡越常處於活躍狀態，就變得越強，並產生長期記憶。

形成連結
當神經細胞接收到一個足夠強的刺激，它就會對鄰近的神經細胞發出電信號。

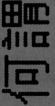

生動的記憶
當你感覺到情緒非常激動時，大腦中的化學變化會促進神經細胞的活動。它們加強了記憶形成的過程，產生出生動的長期記憶。這就是你總是能清楚地回憶起在情緒激動時經歷的事的原因。

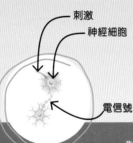

永久鍵

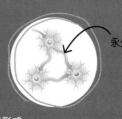

連接形式
對連接細胞的刺激越多，鍵就越強。

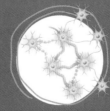

記憶網
電信號會不斷地發射，直到神經細胞網形成。這代表一個單獨的記憶。

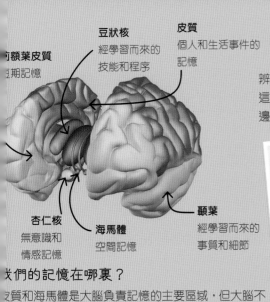

前額葉皮質
短期記憶

豆狀核
經學習而來的
技能和程序

皮質
個人和生活事件的
記憶

杏仁核
無意識和
情感記憶

海馬體
空間記憶

顳葉
經學習而來的
事實和細節

辨認與回憶

辨別你在尋找的記憶遠比憶起它容易得多。看以下這幅女孩圖片 5 秒鐘，然後蓋起她。現在，從右邊的圖片中把她找出來。雖然你只看了她很短時間，但你還是可以認出她。但如果要你描述她的樣子，你就會發現困難很多。

我們的記憶在哪裏？

皮質和海馬體是大腦負責記憶的主要區域，但大腦不同的部分儲存了不同種類的記憶。

利用或丟失
如果你不對短期記憶中的信息進行思考，那麼它們大約在 20 秒後就會丟失

短期記憶
這裏儲存空間有限，如果你不進行足夠的思考並將它們傳遞到長期記憶，那麼那些信息就會丟失

幾乎沒有人可以記起三歲以前發生的事。

長期記憶
任何進入長期記憶的信息都會被仔細地分類整理，以使你能很輕鬆地回憶起

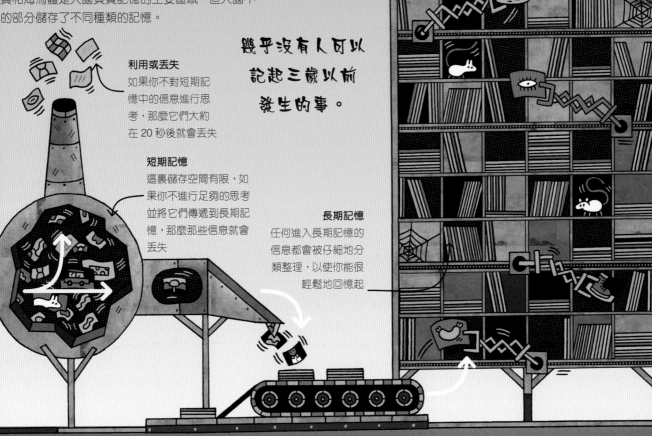

非自主回憶

你有否在聞到甚麼東西後，立刻清楚而強烈地想起某一時刻或者地方？這種感覺稱為「非自主回憶」，因為你的大腦在沒有指揮的情況下，自行喚回記憶。聲音和景象也會引起這種現象，但是氣味的效果尤為突出，也許是因為大腦處理氣味的區域與記憶有密切的關聯。

改善你的 記憶

你可以通過重溫信息從而將它們儲存到長期記憶中。這個過程稱為練習。

人們總是容易忘記事情。如果短期記憶沒有被不斷反覆重溫以保留下來，或者將它們與已知的事情聯繫起來，就會在幾秒鐘後被忘記。你也可以用一些特別的技巧去記憶那些很難想起的事物。

集中注意力！

你曾多少次被要求這樣做？如果你想吸收信息，集中注意力並且不容許自己分心顯得至關重要。如果你不能集中注意力，那麼信息就沒法進入到作為建立記憶第一階段的短期記憶中。你絕不可能回憶起你根本不知道的事情。

形成連結

你可以通過將新的想法聯繫到你已知的事物上，從而加強你的記憶。這個過程可以將信息插入你的長期記憶中，並可以使你更深入地思考它的重要性。這種方法稱為聯想，是十分重要的學習方式。

記憶術（Mnemonics）一詞取自希臘記憶女神摩涅莫辛涅（Mnemosyne）的名字。

分段理解

一些你試圖記住的事情對你來說或許毫無意義。它們可能是孤立的事情或者一串數字。短期記憶只能容納大約五個項目，因此，將一長串數據分成三或四組較小而且較容易記起的「段落」，會更加便於記憶。大多數人都用這種方法來記電話號碼。

Mercury（水星）
Venus（金星）
Earth（地球）
Mars（火星）
Jupiter（木星）
Saturn（土星）
Uranus（天王星）
Neptune（海王星）

Mad（瘋狂的）
Vipers（毒蛇）
Eat（吃）
Many（許多）
Jungle（叢林）
Snacks（點心）
Using（使用）
Nails（釘子）

記憶術

記憶任意次序的單詞的技巧，可以利用它們的開首字母來組成一句話，或稱記憶術。例如，「mad vipers eat many jungle snacks using nails」（瘋狂的毒蛇用釘子吃掉了許多叢林點心），這句話的開首字母取自離太陽最近的水星（Mercury）。這雖然是一句荒謬而可笑的話，但它卻是最容易記憶的。

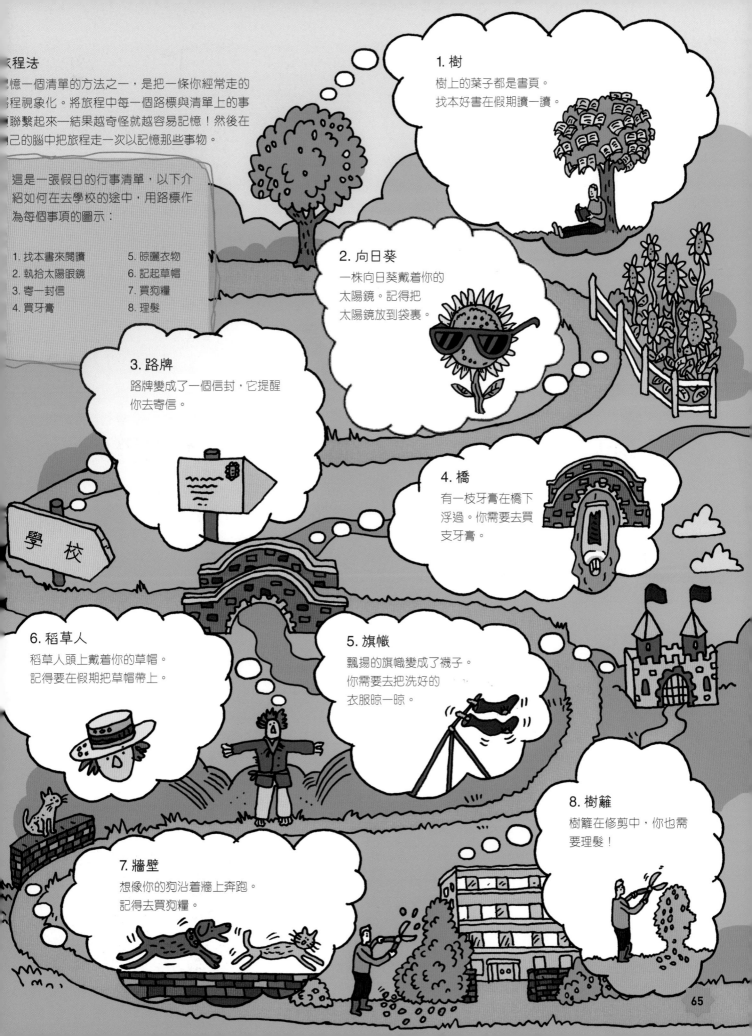

旅程法

記憶一個清單的方法之一，是把一條你經常走的
旅程視象化。將旅程中每一個路標與清單上的事
物聯繫起來—結果越奇怪就越容易記憶！然後在
自己的腦中把旅程走一次以記憶那些事物。

這是一張假日的行事清單，以下介
紹如何在去學校的途中，用路標作
為每個事項的圖示：

1. 找本書來閱讀　　5. 晾曬衣物
2. 執拾太陽眼鏡　　6. 記起草帽
3. 寄一封信　　　　7. 買狗糧
4. 買牙膏　　　　　8. 理髮

1. 樹
樹上的葉子都是書頁。
找本好書在假期讀一讀。

2. 向日葵
一株向日葵戴着你的
太陽鏡。記得把
太陽鏡放到袋裏。

3. 路牌
路牌變成了一個信封，它提醒
你去寄信。

4. 橋
有一枝牙膏在橋下
浮過。你需要去買
支牙膏。

6. 稻草人
稻草人頭上戴着你的草帽。
記得要在假期把草帽帶上。

5. 旗幟
飄揚的旗幟變成了襪子。
你需要去把洗好的
衣服晾一晾。

8. 樹籬
樹籬在修剪中，你也需
要理髮！

7. 牆壁
想像你的狗沿着牆上奔跑。
記得去買狗糧。

學　校

記憶廣度

你的短期記憶可以在有限時間內存儲一定數量的信息。這個遊戲可以展示出大腦記憶數字和單詞的能力。你或會因自己的能力而感到驚訝。

第一步

從頂部開始，大聲逐一讀出每一行的數字。之後遮蓋它們，試著複述那些數字。依次向下嘗試，直到你想不起來為止。

✪ 大多數人一次只能在短期記憶中記住七個數字，所以如果你能記得更多，說明你很優秀。

438
7209
18546
907513
2146307
50918243
480759162
1728406395

這些遊戲測試你儲存數字、單詞和視覺信息記憶的能力。它們同時也展示了兩種不同的記憶方式—回憶和辨認。回憶是當你需要的時候在記憶中找到所需的信息。辨認是當你看到事物的時候能認出它。

你還記得嗎？

視覺記憶

你的視覺圖像記憶力怎麼樣？仔細觀察這 16 幅圖片 45 秒鐘。然後合上書，盡可能寫出最多物件。你能寫出多少個？

✪ 如果你能記住超過一半的物品，說明你很優秀。如果超過 12 個說明你有非常出色的記憶力。

第二步

現在讀出這些單詞，一次一行。然後遮蓋它們試着複
述那些單詞。繼續向下嘗試，直到你記不起為止。

與記憶數字相比，大多數人更善於記單詞。
如果你能一次過複述八個單詞，那說明你很優
秀。

床、燈、地毯、
叉子、碟子、玻璃、桌子、
蜘蛛、樹、鳥、花、狗、
鉛筆、剪刀、椅子、書本、魚、鐘、
池塘、月亮、星星、草、蠕蟲、自行車、石頭、
鼓、鈴鐺、球、球拍、繩索、盒、網絡、桿、
眼睛、腿、手臂、腳、頭、耳、腳趾、頭髮、鼻子、
麵包、牛奶、曲奇、盤子、碗、李子、湯匙、蘋果、香蕉、橘子

辨認 VS 回憶

這個遊戲可以清楚地展示辨認信息和回憶
信息的差異。

第一步

首先測試你的辨認能力。以下是
10 個國家及 10 個首都城市。在
30 秒內，看看你能匹配出多少對
來，然後翻到第 186 頁檢查答案。

國家	首都
以色列	新德里
法國	渥太華
印度	柏林
俄羅斯	布拉格
捷克	哥本哈根
德國	耶路撒冷
阿富汗	布宜諾斯艾利斯
加拿大	喀布爾
丹麥	巴黎
阿根廷	莫斯科

第二步

以下有另外 10 個國家，但這次你需要在 30 秒內試着回憶起它們的
首都城市。再次檢查你的答案並比較兩次遊戲的分數。

西班牙
愛爾蘭
中國
瑞典
伊拉克
荷蘭
日本
意大利
埃及
希臘

大多數人在辨認上的成績較回憶高。這
是因為臚列出可能的答案的清單可為你的大
腦提供一條在儲存的記憶中尋找信息的捷徑。

藝術的眼睛

你善於記憶視覺細節嗎？
試做這個測試看看。

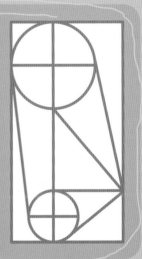

第一步

仔細觀察右邊的圖片 2 分鐘。
或者照着畫一次更好。然後遮蓋
圖片試着憑記憶把它畫出來。當
你認為已畫完後，將它與原圖對
比，每畫對一條線你就可以得 1
分。

第二步

現在用左邊的圖同樣做一
次，但是這一次你要去尋找
看起來熟悉的形狀或圖案。
例如，這幅圖像一隻風箏
嗎？同樣地，2 分鐘後遮蓋
圖片並嘗試把它畫出來。比
較原圖後計算得分，然後再
與上圖作比較。

也許你第二次的成績要比第一次好，因為
把線條與熟悉的形狀連繫起來，會使它們更容
易被記住。

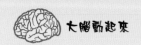

集中注意力

找出不同

你的眼睛觀察細節的能力怎麼樣？看以下兩幅圖畫並嘗試找出 10 處不同。翻到第 186 頁看看你答對多少。

你對細節有很好的記憶力嗎？這些遊戲可以鍛煉促使你的短期記憶，首先測試你能記住一個故事的多少細節，然後測試你的眼睛和大腦辨別視覺差異的能力。記住，必須集中精神在練習上，否則沒有任何信息會進入你的記憶中。

重要的細節

當你閱讀的時候，你能否集中在細節上？為了找到答案，仔細閱讀以下的故事，但只有一次機會，然後看你能回答以下多少個問題。

66 終於，花園看起來完美極了。珍妮滿意地看着樹上的橙色彩燈，它們在傍晚發出光芒。美麗的桌子散佈在花園裏，以蠟燭和粉紅色玫瑰點綴着。其中一張桌子上擺放了一瓶香檳、一個白巧克力蛋糕、一條三文魚，還有擺成金字塔形狀的草莓。

珍妮變得有點興奮了。她的父母完全不知道有這個派對。他們認為孩子們只是去看電影。

突然，她聽到了一把熟悉的嘈音，讓她充滿警覺——狗的喘氣聲。切斯特！她已經把切斯特鎖到廚房了。它是怎麼逃出來的？一隻巨大的、滿身污泥、渾身濕透、滿身臭味的狗跑了過來，然後將嘴裏叼着的死魚扔到珍妮腳下。珍妮知道它來自哪裏一鄰居約翰遜家的池子。珍妮一邊發牢騷一邊試圖抓住切斯特的項圈，但是牠一下子就跳開了。切斯特跑到兩張桌子之間抖動牠的毛髮，將泥水和雜草濺得四處都是。然後牠察覺到（或者大概是聞到了）食物桌，並奔向桌子。切斯特的爪子放在桌上，大口地咬着三文魚，而上百顆草莓撒了滿地。99

丟失了甚麼？

這個遊戲展示信息從短期記憶中消失得有多快。

第一步

用 30 秒觀察托盤上的 14 種物件，然後遮蓋圖片。

第二步

現在觀察下面的托盤。有五種物件被移除了，它們是哪些？打開上面的圖畫，看你能說對幾種。你把它們都說出來了嗎？

問題

1 故事發生在一天中的甚麼時間？

2 桌子是如何裝飾的？

3 蛋糕是甚麼味道的？

4 派對是為誰而開的？

5 珍妮認為切斯特應該在哪裏？

6 珍妮的鄰居姓甚麼？

🌀 重新看一遍故事並檢查你的答案。如果你答對了五題說明你做得很好。在頭腦中演出故事的發生經過，是幫助你記住細節的好方法。

誰是誰？

你辨別圖案中微小差別的能力如何？試着解決以下的問題看看。

弗瑞德是一隻很可愛的寵物龜，它是右上角的那個樣子，但是牠走失了。如果有人找到牠，你願意付酬金。現在找到了四隻龜。但哪一隻是弗瑞德呢？翻到第 186 頁看看你是否正確。

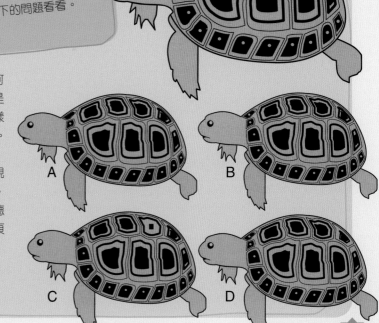

A   B

C   D

形成聯想

將事物聯繫起來稱為聯想，這是一種令人不容易遺忘的有效記憶方式。以下的練習向你展示如何進行聯想，包括將數字配對圖片，將單詞排列成組，或者把一幅圖畫與人物聯繫起來，讓你永不會忘記名字。

數字與圖畫

用相似形狀的圖畫來與數字相聯繫，可以很容易地記住電話號碼、重要日期或者密碼鎖上的數字等。數字圖畫也有助於你記住清單上的東西。以下是這個技巧的原理。

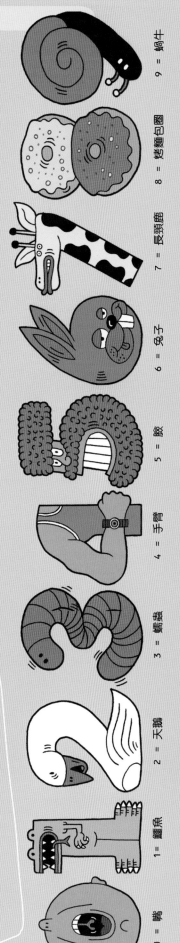

0 ＝ 嘴
1 ＝ 鱷魚
2 ＝ 天鵝
3 ＝ 蠕蟲
4 ＝ 手臂
5 ＝ 臉
6 ＝ 兔子
7 ＝ 長頸鹿
8 ＝ 烤麵包圈
9 ＝ 蝸牛

第一步

仔細觀察我們以下創作的數字圖片並着手記憶。或者由你自己發明屬於你的數字圖片並着手學習應用。

第二步

現在觀察這個數字30秒並着手試着用圖畫的方式「看」出來。然後遮蓋數字，對照圖畫寫出對應的數字。你覺得利用聯想記憶法來記憶更容易嗎？

8371

第三步

你也可以利用數字圖片來記住清單上的東西。想像一下，你需要買六枚雞蛋、三盒牛奶、兩隻香蕉和八個郵票。將清單上的物品用數字圖片來圖像化，例如一隻兔子吃着雞蛋、一條蠕蟲喝着牛奶、一隻天鵝叼着香蕉、一張印有圖案的郵票。圖畫越強烈越好，因為這會更強烈地烙印在你的大腦。

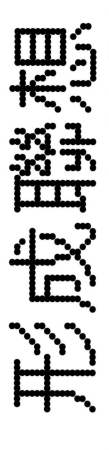

英國記憶大師多米尼·奧布萊恩(Dominic O'Brien)只看一次，就能把2,808張打亂的撲克牌的順序記下來，當中僅出現八張錯誤。

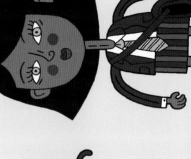

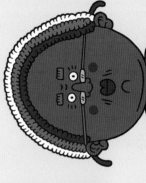

名字對應面孔

如果你發現很難記住別人的名字，那麼可以試試將名字與圖畫聯想起來。如果你遇到了一位叫 Daisy（雛菊）的女孩，可以想像她拿着一束花。或者用他們有的物品將名字聯繫起來（道格—Doug 與狗—Dog），或者用相似的押韻句（邁克在自行車上—Mike on a bike）來幫助你記憶。

第一步

觀察以上的人物，用上提到的方法，用自創的聯想將他們與名字聯繫在一起。

第二步

現在看看以下的面孔。你能通過聯想起記憶他們是誰嗎？

道格（Doug）
路易斯（Louis）
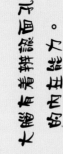

邁克（Mike）
露西（Lucy）
約翰（John）
瑪麗（Mary）

大腦有着辨識面孔的內在能力。

形成組羣

如果你需要記憶一長串單詞，可以試試把它們分成數個小羣羣。

第一步

觀察下面表單上的 10 個物品 30 秒。然後蓋上表單並試着盡可能地寫出它們。對照一下看看你的分數是多少。

第二步

這是一張新清單。這一次將它們分成小羣羣的組羣。一種方式是將它們分成兩組：大型物品、小型物品一組。30 秒後，將清單遮蓋並試着把 10 個物品全部默寫出來。是不是容易多了？

針
山脈
樹
睫毛
香蕉
船
城堡
老鼠
書
飛機

金字塔
樹枝
溫室
昆蟲
金魚
拖拉機
釘子
按鈕
大象
地毯

如果你不能明顯地將他分組，可以想像把物品配對。例如，你可以想像一隻長了睫毛的老鼠，或者一隻裝着香蕉的船貼。

愛因斯坦於 1879 年在德國出生，是一名工程師的兒子。

愛因斯坦在五歲時已對物理着迷。當時他看到羅盤上晃動的指針，認識到太空存在着看不見的力量。

阿爾伯特·愛因斯坦

當你想到天才，一定會想到愛因斯坦（Albert Einstein）。這部分是因為他的思想超越了大多數人的理解，如彎曲的光線、扭曲的太空。他最著名的理論是相對論，當中解釋了宇宙的運行並提出質能公式 $E=mc^2$，成為了啟發性數學思維的標誌！他部分的天才反映自將奇怪的想法用明確的數學方式表達出來。

這幅相片展示了 1893 年已經 14 歲的愛因斯坦，他那時已經對數學產生濃厚興趣。

絕妙的想法

愛因斯坦只有 16 歲的時候，已對以光速（每秒 30 萬公里）來移動的結果產生好奇。他認識到如果以光速移離時鐘，並可以回到或者看到過去，那麼時針和分針將不會移動，因為指針在移動之後，其影像絕不能跟上你的速度。時間在此刻似乎停止了。大概只有天才方能想出這樣的結論。

日常工作

愛因斯坦修讀物理和數學，然後在瑞士伯爾尼的專利局工作。他的工作是判定其他人的發明是否有價值。同時，愛因斯坦在他的空餘時間努力思考物理以及宇宙的性質，以此為嗜好而非工作。他沒有在大學工作，因為在那裏他只能去為別的教授的想法工作。這意味着愛因斯坦有自由去發表自己的理論。

相對性

愛因斯坦對自然中的光、太空和時間着迷。他的結論令人難以置信─時間可以減慢、太空存在曲度、重力是空間與時間的扭曲、除了光速沒有甚麼是固定不變的。這些想法構成了相對論的核心。

王，愛因斯坦（左）與天文學家
福尼亞的威爾遜山天文台留影。

重力與光

愛因斯坦的理論指出，光線可以因
重力而彎曲。在 1919 年的日食
中，天文學家通過監測最近太陽
的反射出來的星光來檢驗這一
理論。結果顯示，行星看似在不
正確的位位置出現，所以愛因斯坦
是對的！

愛因斯坦自兒童時期就懂得拉
小提琴，並且一生都沒有間斷。

$$E = mc^2$$

愛因斯坦認識到任何一定質量的物質
都可以轉化成能量，他通過質能公式
$E=mc^2$ 解釋這一理論。該理論指出，能
量（E）等於質量（m）乘以光速的平方
（c2）——數值大概是 900 萬億。這就解
釋了只要一小點物質——例如鈾就可以
通過核反應堆產生出巨大的能量甚至原
子彈的原因。

愛因斯坦在1921 年憑着他對
「理論物理學的巨大貢獻」
而獲得了諾貝爾獎。

偉大的老科學家

愛因斯坦於 1932 年移居美國以逃避納粹的追捕。他
從未停止過研究，並且發表了 300 多篇科學論文，成
為一名有着亂蓬鬆髮型、穿着古怪衣着的名人。雖然
他晚年的成就無法與先前的匹敵，但是他已經顛覆了
我們對宇宙的看法。愛因斯坦於 1955 年逝世，享年
76 歲。

解決

問題

我們如何學習

學習對生存來說尤為重要。我們經常認為學習不過就是閱讀和寫字，但其實還涉及發展諸如安全地過馬路、處理人際關係和理財等生活技能。我們通過結合有意識的努力和無意識的反應來學習這些事情，而所有學到的事情將變成我們長期記憶的一部分。

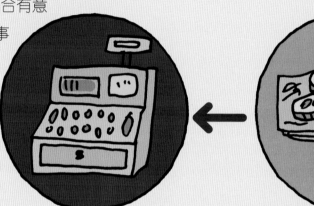

找到錢包

帶備錢

需要多少錢？

學習曲線

當我們年輕時，我們必須在很短的時間內學習大量關於世界的知識。我們學習基礎技能像走路、吃飯，和避免受傷。我們發現自己做的事情會引發各種結果，並學會如何描述它，避免它。我們在出生後幾年學習的東西，遠比今後一生學習的東西要多得多。

條件反射

如果某些事件總是伴隨着特定的結果，或只引致一次結果卻令人很不快，那麼當事情再次發生時，你的大腦就會產生強烈的連結，讓你作出自動反應。例如，你曾被一隻黃蜂螫到，那麼當你看到另外一隻黃蜂或者任何有着黃黑相間外表的昆蟲都會變得緊張。這種基本的學習形式就稱為條件反射。

記憶通路

大腦基本的「通路」在出生時就形成了，但隨着你學習新事物，通路會不斷地改變。一組神經細胞連接在一起形成一個網絡，讓你可以做出想做的動作。但是如果你不再使用它，這個網絡也許最終會停止運作。

聯想

你通過將不同的經歷和技能聯繫在一起，並在大腦中形成聯想網絡，從而進行學習。當網絡的一部分活躍起來，就會激發其他部分。例如，你想買一本雜誌，那麼這個想法就會引發出對商店的聯想、你需要騎自行車去商店、走哪條路線、需要的錢等。聯想也會讓你將在學校課堂上學到的抽象概念聯繫在一起。

去哪一家商店？

走哪條路線？

帶上鎖

去商店

騎自行車去

記得戴安全帽

買本雜誌

在你出生後的三年，隨着你學會了越來越多的技能，你的大腦的重量會增加三倍。

模仿

孩子已被預設會模仿別人的行為，尤其是成人的行為。大部分這種模仿行為是無意義的，例如將一個玩具娃娃放到牀上，但是我們透過這個方式學習大量的知識和技能。最終我們不再假裝遊戲，轉而做一些有實際意義的事情，例如園藝和煮食。

實踐

如果你反覆地做某件事，你就會記住它。這是因為重複練習可以將大腦細胞與記憶通路聯繫起來。你可以用相同方式去學習演奏鋼琴這類技能，建立一個與大腦相連的通路，使你彈出每一個音調。重複練習雖然枯燥，但是益處卻非常持久。音樂家可以一年甚至更長時間不演奏，但如果他們再次演奏，只要很短時間就可以重拾技巧。

一隻手規則

要穿過這個所有牆都與外圍邊界連接的迷宮，你可以利用「一隻手」原則。要完成，只需保持一隻手隨着牆移動，無論哪隻手都可以，但中途不要換手。試着用這種方法找到去迷宮中心的路線並由原路返回。

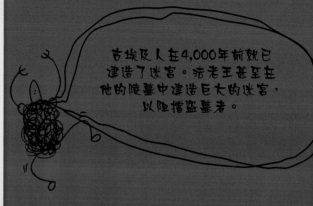

古埃及人在4,000年前就已建造了迷宮。法老王甚至在他的陵墓中建造巨大的迷宮，以阻擋盜墓者。

走迷宮

大腦的學習能力幫助我們解決各種各樣的問題，包括如何在迷宮中找到出路。大型樹籬迷宮是廣受歡迎的景點，人們似乎都喜歡一小會兒迷路的感覺，當然至少最終要肯定自己能走得出來！看看你能否自己找到這一系列小迷宮的出路。如果找不到出路，可翻到第186頁找答案。

右還是左？

你也可以用一隻手原則通過這個更複雜的迷宮。當通過之後，用另一隻手試一試，看看哪一條路線更快？

試驗與錯誤

像這樣有些牆壁並不是與其他連接在一起的迷宮，就不能再利用一隻手原則了。相反你必須通過錯誤來找到正確的路線。試找到去迷宮中心的路，並從另一面走出去。

驚人的迷宮

越大、越複雜的迷宮就越難以記住錯誤的路。這個迷宮的難處是找到通往迷宮中黑點的路線。

世界上最大的迷宮是位於美國夏威夷州的都樂鳳梨園迷宮。它佔地12,728平方米，所有路線加起來將近4公里。

上與下

這個三維迷宮不能於現實生活中存在——因為人們會一直掉下去！這個迷宮的路線來回穿插上下交錯，使你很難知道方向，所以你不得不集中精神。用一隻手原則將會帶你返回原處，所以你只能用試驗和錯誤的方法來找到出路。

令人費解的 模式

單獨的一個

在不寫下任何東西，或以任何方式標記模式下，看你能否找到圖片上沒有出現兩次的動物。要完成這個測試你需要記住哪些動物是成對的。

人羣中的面孔

我們學得越多，大腦就越善於辨認出事物之間微小的不同點。看看你能否在以下那羣搖滾歌手中，找到左圖中的兩名樂師。

超前的思考

以下這些色彩繽紛的杯子蛋糕，是按照特殊的模式排列的。你能找出是甚麼嗎？如果這種排列繼續下去，那麼第 49 和第 100 號的杯子蛋糕分別是甚麼顏色？

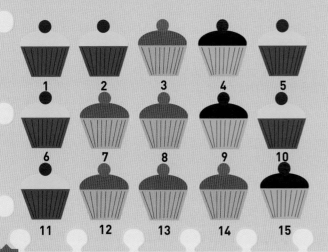

世界上最大的拼圖由24,000塊組成。它需要數個月才能完成。

認模式並將不同事物聯繫起來，是學習過程的重要
部分。我們利用存儲在大腦中過去解決問題的經歷和
答案，來幫助我們認識新事物。這裏所有令人困擾的
難題，需要你找出新的模式。可翻到第 187 頁找答案。

丟失的拼圖

將拼圖拼好是辨認模式的好例子。
大腦必須把小拼圖每個部分的形狀
和圖案的關係弄清楚，以拼成一整
幅圖。這幅拼圖中有 4 個小塊混合
在右邊的那羣從另一拼圖而來的小
拼圖中。你能完成這幅拼圖嗎？

警察利用電腦軟件協助追蹤罪案
的模式並將犯罪分子抓獲。

完美成對

驟眼一看，這些圖案看起來都很相似。然而，花點兒
時間觀察它們，你便能把它們分辨出來。事實上，除
了一幅圖外，其他圖案都有與它完全相同的圖案。看
看你能否在這 7 對圖案中，找到那幅不同的圖案。

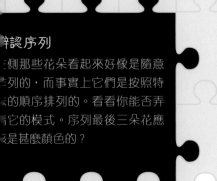

辨認序列

左側那些花朵看起來好像是隨意
排列的，而事實上它們是按照特
定的順序排列的。看看你能否弄
清它的模式。序列最後三朵花應
該是甚麼顏色的？

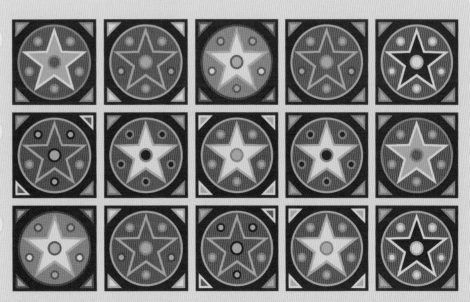

數學邏輯智能

這種智能指人們擁有以邏輯推理問題、測量圖形、計算數學問題的能力。它包括了科學和數學思維，因此也適少用到數學的人。

空間智能

任何人若擁有準確定位及三維辨角能力，正是利用了空間智能。它也包括了在如何將那些那樣的運動中的技能，和許多藝術形式，諸如建築和雕塑。

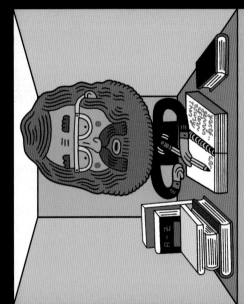

語言智能

這種智能涉及對寫作和語言表達的敏感度。它可以使人們容易學習語言，但它也包括利用語言自我表達和溝通複雜信息的能力。

身體運動智能

有效運用身體的能力通常與智力水平多大關係，但是它涉及及智力技能。你需要某些地以智能力以協調那些對於運動和其他能力活動必不可少的動作。

音樂智能

這是一種使人具有欣賞、表演和撰寫樂曲樂曲能力的智能。它涉及和辨認和組合音樂節拍、音調、旋律等方面與語言智能相似。

人際智能

這種能力包含了在應對別人的動機和渴望所不可或缺的同情與理解。它使你在朋友及有困難的時候給予有用的建議，也可以使你與其他人有效地合作。

智力類型

霍華德·加德納

美國心理學家霍華德·加德納，在1970年開始質疑單一智能類型的概念，並在1983年發表了多元智能理論。雖然他的理論掀起了熱烈的討論，但它有助削弱了單憑IQ測試就可準確衡量智能水平這種落後觀念。

自然觀察智能

這種智能可以使你辨認、理解並運用周圍環境的各種特徵。它包含了你理解自然世界的能力，卻也影響著你對任何環境的反應。

那麼你呢？

我們所有人都擁有不同的能力，而多元智能不過是描述它們的一種方式。大多數人在不同程度上整合了許多技能，而另一些人只在某些方面表現優秀。看看以上的智能種類，你會如何描述自己呢？

我們一般通過別人對複雜意念的解釋或運用能力，來判斷他們的人智能程度。智能也可以被描述為經驗、學習、思考和適應周圍環境的能力。根據心理學家霍華德·加德納（Howard Gardner）的觀點，你的智能可體現在八個方面，每一方面具有不同的水平。但是，這種「多元智能」理論也不過是眾多智能理論中的一種。

內省智能

其中一方面的智能還包括自我認知能力，以及理解自己情感、恐懼和動機的能力。這種能力可被描述成對自我瞭解自己的了解，並可以利用那個信息來管理自己怎樣激發自己的生活。

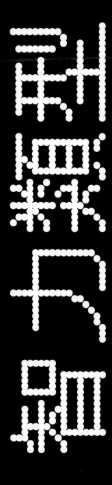

智商

檢測智能的測試有很多種，最終結果是提供一個稱為智商或者IQ的數值。那些IQ測試經常涉及常識及常識、算術、推理、記憶、解謎、解讀和分析形狀等方面，但是它們並不能斷定諸如人際關係技巧等項目，而且也對具有不同文化背景的人不公平。

喬治・華盛頓・卡佛

卡佛幼年的時候就一直住在這樣的房子裏。
他清楚地知道貧窮的滋味如何。

在奴隸制度廢除以前，於美國南部出生的非洲裔美國人喬治・華盛頓・卡佛（George Washington Carver）打破了種族歧視，成為了令人尊敬的科學家、教育家和發明家。他主要研究農業問題，尤其是提倡貧窮農民可以種植一種供家庭食用，還可以開發其他用途的農作物。過程中，他幫助了那些由於太貧窮以至於不能自力更生的人。他的成就還瓦解了種族偏見，並讓其他非洲裔美國人跟隨他的道路。

堅定的學生

卡佛的名字是他的奴隸主摩西・卡佛起的，他在廢除奴隸制度後把這個孤兒當作親生兒子一樣養大。最終，卡佛進入學校學習，並進入了大學。一開始，他修讀是藝術和音樂，隨後在 1891 年轉學到美國愛荷華州農業學院，成為首位黑人學生。

卡佛曾經說過：「當你可以用不尋常的方式去做生活中普通的事情，你將會引起全世界的注意。」

20 世紀初期，卡佛所在的塔斯基吉實驗室，是為數不多可讓黑人學習植物科學的地方。

大學教師

1896 年，卡佛受邀擔任亞拉巴馬州塔斯基吉學院農業系的主任，該學院專為獲得自由的奴隸開辦。他在塔斯基吉學院工作了 47 年，期間教授學生農業技術和自力更生的方法。這家學院的校長稱卡佛為「我認識的人當中其中一位最徹底的科學家」。

花生和馬鈴薯

卡佛想要改善那些土地被當地主要經濟作物棉花霸佔的貧窮農民的生活。他建議學生用其他農作物如花生和馬鈴薯取代棉花。他還提出了許多這些農作物的用途，包括製作染料、塗漆、塑料、植物油甚至炸藥。他希望學生從此可以自己種植產品而不需再去購買。

1929 年，喬治亞州花生大豐收，幾乎都是來自於卡佛的指導。

美國前總統富蘭克林‧D‧羅斯福（Franklin D. Roosevelt）於 1936 年接見了卡佛，使他的名聲達到頂峰。

傳播至世界

最貧困的農民也能讀懂卡佛的「實踐報告」——關於農作物、農業技術和食譜的免費小冊子。他一共發表了 44 份報告，最受歡迎的是《如何種植花生》和《為人類消費準備的 105 種方法》。他還寫了關於馬鈴薯、棉花、豌豆、李子、玉米、禽類飼養、乳牛養殖、養豬及肉類保存等報告。

遺產

1943 年 1 月，卡佛從家中的樓梯摔下而逝世，享年 78 歲。僅六個月後，羅斯福總統就下令在密蘇里州鑽石叢鎮，這個卡佛童年生長的地方，建立一座卡佛國家紀念碑。這是美國第一次為非洲裔美國人建立紀念碑並包括這個紀念半身像。卡佛是一位瓦解美國種族偏見的關鍵人物，令許多人物也跟隨他的步伐，例如前美國總統巴拉克‧奧巴馬（Barack Obama）。

名望

卡佛在 1921 年名聲鵲起，那年儘管存在種族歧視，但他仍被委任在美國眾議院的小組會議上代表種植花生的農民發聲。一開始，卡佛遭到了嘲弄，但當他結束演說時，會上所有人都被他的智慧、口才和謙恭的舉止迷倒了，最後全場都起立為他鼓掌。這對於美國黑人來說是一個偉大的時刻，從此以後，卡佛成為了名人。

邏輯

每個人都會思考，但有些人會以一種較不受約束的方式來思考。他們所說的話有欠道理。有些人也許會說她討厭所有動物，然而之後又會說她非常喜歡鄰家的貓。這兩句話互相矛盾，所以你不知道哪一句才是真的。像這樣說話的人總是被認為缺乏邏輯——他們不能分析自己說了甚麼，並且意識到當中的毛病。邏輯就是有關清晰地思考。

有缺陷的推理
如果你說所有魚類都在水中生活並且鯊魚也屬於魚類，你就可以得出鯊魚在水中生活的結論。但是如果你說企鵝會游泳，而因為企鵝是鳥類那麼所有鳥類都會游泳，這很顯然是錯誤的。這個推理之所以錯誤，是因為這個結論並非第一個結論的邏輯推演。

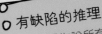

交通牌
牙膏

可以消滅
導致蛀牙的細菌

運用你的大腦
邏輯涉及運用已知的事實合理地推理出正確的結論。如果你不能推翻該推理，那麼結論很可能是正確的。檢查推理過程是邏輯思維的重要部分。但是如果最基本的事實是錯的，即使推理再完美也沒有意義，所以你必須仔細檢查那些事實。

檢驗論據
當你不能測試結論的時候，檢驗論據的能力就顯得十分重要了。眾所周知，細菌會導致蛀牙，因此可合理推斷出能殺滅細菌的牙膏能防止蛀牙。你必須相信這個邏輯，因為你沒有辦法檢查牙膏對牙齒的功效。

具有説服力的邏輯

許多人利用邏輯說服別人。如果有人對你說了一些你不相信的事情，但之後拿出了具體的邏輯論據，你就會開始相信了。但是如果沒有任何邏輯論據支持，你是不會被說服的。這使邏輯成為律師和政客（如希拉莉·克林頓（Hilary Clinton））所必備的重要素質。

邏輯與哲學

古希臘人最先實踐的知識學科大部分涉及邏輯，因為它運用推理論據來驗證如真理、美感和公正等概念。對許多人來說，那些經歷不過是智力遊戲，因為我們認為通過常識就會得到答案。但是如果常識是基於錯誤的認識，常識也可能產生誤導。哲學研究中提倡的嚴謹邏輯推理具有現實的實踐意義。

電腦邏輯

邏輯對於計算至關重要。所有電腦都是由一長串稱為程式的電子指令控制的。程式由程式員設計，他們把自己的想法轉換成電腦可以識別的編碼。如果那些編碼指令欠缺邏輯，程式也就無法運作。

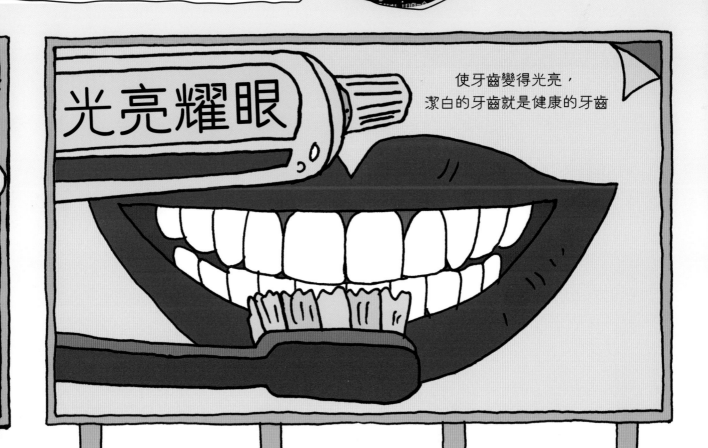

使牙齒變得光亮，潔白的牙齒就是健康的牙齒

光亮耀眼

檢查事實

人們有時會通過錯誤的想法得出結論。如果將牙齒刷得光亮會令牙齒健康，在廣告中的這個結論看起來還不錯。但是簡單地將牙齒刷得光亮並不會預防蛀牙，因此事實是錯誤的。看來檢查事實和檢查邏輯同樣重要。

自由聯想

當你運用邏輯性思維思考的時候，你會從記憶中喚回相關的信息以解決問題。但是，有時候你的思想會四處漫遊，進行無意識的聯想。當你放鬆的時候，這種情況就會有機會發生。

恐懼症

許多人都覺得蜘蛛很恐怖。這種害怕就是恐懼症。恐懼症有許多種。一些是可以理解的，比如畏高症——畢竟從高處摔下來會讓你死亡。但是其他如認為魚很恐怖，就缺乏邏輯、不可理喻了，並且很難解釋原因。

恐鳥症

十分懼怕鳥類，有時甚至連羽毛也懼怕。

不合邏輯的思考

魚類恐懼症

對魚類感到恐懼的症狀，是一種罕見的恐懼症。

本能

我們都有天生的本能，本能可以讓我們取得如食物、飲料和空氣等物品。本能也包括了一些情感，比如害怕兇惡的狗。那些本能是人類與動物共有的一種思考類型，但是卻不受邏輯控制。這並不意味着本能沒有意義——它對於生存極為重要。

信仰

所有的宗教都建基於信仰，即相信一些無法被證明的事物。「相信上帝」是沒有邏輯的，但是很多人卻相信上帝——即使他們不參加任何宗教儀式——包括很多一向依賴邏輯思考的科學家。

蜘蛛恐懼症

害怕蜘蛛，也是其中一種最普遍的恐懼症。

老鼠恐懼症
用來稱呼害怕老鼠的症狀。

恐飛症
害怕飛行的症狀，是一種十分普遍的恐懼症。

我們都希望自己擁有邏輯性的思維，但這往往遠非事實。意念會在沒有理由之下跳入我們的腦中，而許多人或患上恐懼症或甚至有嚴重的幻覺。我們多數人都傾向迷信，而且所有宗教都建基於信仰而非實際邏輯。

運氣
許多人相信運氣。有些人因為相信好運氣會帶來巨額財富而買彩票。還有些人因認為會遭受「厄運」遇上飛機事故而避免乘飛機。事實上，這兩種事情發生的概率都微乎其微，但是人們總會忽略事實而跟隨自己不合邏輯的想法行動。

羣體恐懼症
害怕被困於一羣人當中。

科技恐懼症
對於如手提電話和電腦等科技感到恐懼。

迷信
許多人具有迷信的心理。他們總是避免從梯子下經過、在 13 號的週五害怕會發生可怕的事情或者相信鬼魂存在。我們當中大多數人會避免說出如「我從來沒有經歷過車禍」，因為感覺這樣說可能會增加發生事故的風險，或是在「玩命」。這種思維方式是完全不合邏輯。

腦筋急轉彎

清晰、合乎邏輯的思維是解決以下這些惱人的謎題的關鍵。這些謎題設計得令人混亂、迷惑並具有誤導性，因此你必須努力集中精神，運用良好的推理能力尋找答案。翻到第 187 頁看看你是否做對了。

沮喪的農夫

一位農夫打算用一條小船運送一隻狐狸、一隻雞和一袋穀粒過河。然而，他乘船一次只能運送一種東西。如果他把雞留在狐狸的身邊，狐狸可能會吃掉雞。如果他把穀粒留在雞的身邊，雞有可能會吃掉穀粒。這位農夫要如何過河，才能保證沒有任何東西被吃掉呢？

◎ 把上圖的幾個角色用紙剪出來，也許會對你解題有幫助。

公平分錢

一個週日的早上，三個男孩去遊樂場遊玩。遊樂場的售票員告訴他們，門票是每位 10 元，然後男孩們支付了 30 元進入遊樂場。然而，售票員想起週日的票價有折扣，所以那三個男孩只需支付 25 元。售票員馬上請助手去找那三個男孩並把 5 元退給他們。這名助手不知道如何將 5 元平均分給三個男孩，所以他自己保留了 2 元，然後給每個男孩一人 1 元。這意味着現在每名男孩支付了 9 元的門票錢──共 27 元──而助手那兒有 2 元，一共是 29 元。那麼剩下的 1 元去了哪兒？

尋找點心

珍妮特想吃餅乾，但是她首先必須找到櫥櫃中的餅乾罐子。而櫥櫃中那些罐子都沒有貼上標籤，上面只有數字。她只有一次猜測的機會，如果猜錯了，找到的東西會比餅乾難吃得多。珍妮獲得以下這些線索，幫助她作選擇：

一次兩個人

一對兄弟加上他們的父親和祖父，一共四個人要在天黑的情況下去火車站。他們來到了一座古老而狹窄的橋前面，這座橋是通向火車站的道路。不過，這座橋一次只能承受兩個人的重量，他們只有一個手電筒，所以當一對人過橋後必須有一個人帶着手電筒返回給下一組使用。這四個人過橋分別需要不同的時間。

- 兄弟 1 需要 1 分鐘
- 兄弟 2 需要 2 分鐘
- 父親需要 5 分鐘
- 祖父需要 10 分鐘

每對過橋的人的速度只能根據最慢的那個人而定，而下一班火車將在 17 分鐘後到站。那麼這班人應該如何走才能及時趕到火車站呢？

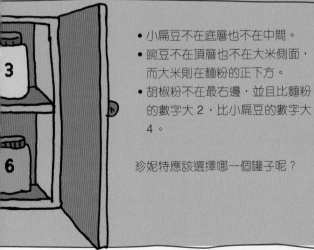

- 小扁豆不在底層也不在中間。
- 豌豆不在頂層也不在大米側面，而大米則在麵粉的正下方。
- 胡椒粉不在最右邊，並且比麵粉的數字大 2，比小扁豆的數字大 4。

珍妮特應該選擇哪一個罐子呢？

正確的門

一名囚犯獲得了一個贏取自由的機會：在他的面前有兩道門，一道門後面有吃人的獅子，另一道門是監獄出口。每道門前站着一名守衛——其中一名總是說真話，另一名只說假話。而囚犯只允許向其中一個守衛提出一個問題。那麼要問甚麼問題才可以使他獲得自由呢？

誰傳遞了包裹？

羅伯特剛剛在傳遞包裹的遊戲中贏得了勝利。這個遊戲是圍桌旁圍繞坐着 9 個小朋友。從第一個人開始向左邊（第二號）的人傳遞包裹，一直傳遞直到第七個人那裏。這個人需要揭開一層包裝紙然後退出遊戲。而這個人左邊的人成為了第一號，各人繼續遊戲，直到僅剩下一個人，那個人就是勝利者。如果羅伯特獲得了勝利，誰最先開始傳遞包裹呢？

方格中的思考

許多數字謎題都依賴邏輯思維而不是數學技巧。例如數獨和數謎就是讓你根據某些邏輯規律，在矩形中的空格填上正確的數字而得到解答

數獨

經典的數獨謎題是由 9 個 9x9 格小正方形組成的一個大正方形。圖形中每一條縱列和橫排都必須包含數字 1 到 9。其中一些方格中已經存在一些數字，你的任務是看看應把甚麼數字填在空格中。嘗試做這個謎題，並找出一些提示和技巧，再自己試做其他謎題。

提示和技巧

	6	8	1		2	4		5
2			3	5			6	
	4	5		6		3		2
		2	9		6			4
4	3	6		1		9	5	7
1			4		5	6		
6		9		8		7	4	
	5	3		4			8	1
8			7	2	3	5		

← 中間行

◎ 首先應該注意的是數字最多的橫排或者縱列。這裏，最中間那一行只缺少數字 2 和 8。如果你再檢查一下縱列中和中間行空格列出的其他數字，你應該能夠判斷出每個數字應該填到哪裏。

◎ 另一個技巧是尋找一組的三個數字，稱為「三胞胎」。看中間塗有灰色的三組正方形。上面兩個正方形中已經包含了數字 1。這就意味着 1 一定在最下面的正方形中的右側縱列。檢查各行各列，你會發現只有一個地方可以填 1。

入門級

1		6				8	3	
	5		9	3			8	6
8		9		7		1		4
7				4				1
6			2	5	9		7	
4		8	1			2		5
5		1		9			6	3
	8			1	3		4	
3		2	8	4		9		7

稍難級

	5			1			2	
1		7	3				6	9
			5		7	3		
6	7			9			8	2
		5		4	2	7		
8	2			3	6		1	
			4		1			
4		8				1		3
	9		6	8			5	

絕不要去憑空猜測應該填哪個數字。如果一個數字有可能填在某個空白處，可用鉛筆在方格的角落輕輕地標記一下，然後在你排除它後再擦掉。

數謎

數謎有點像填字遊戲，只是數謎用數字代替了字母。與數獨一樣，數謎也是用數字 1 到 9 填在空格中。然而，在數謎中，那些數字加起來必須等於它們或左右或上下排的數字——記住縱列看上到下，橫排看左到右。開動腦筋完成這個數謎，然後嘗試一下其他更加棘手的數謎。

當問題變得複雜時，兩位數的答案卻是最容易解出來的。寫出可能的答案組合或對解題有幫助——組合也許比你想像的更少。

要做甚麼

這一條縱列上的數字加起來必須等於 21

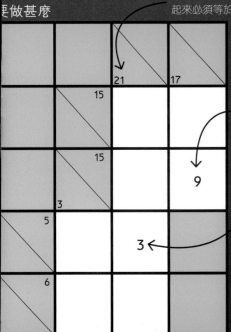

如果這個小方格包含了數字 9，你應該能解出它上面和相鄰的數字是甚麼。

在答案中，每個數字只能出現一次。因此絕不會再出現一個數字 3 以組成 21。

現在試一試這個

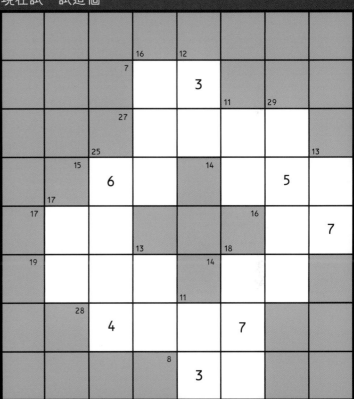

較複雜

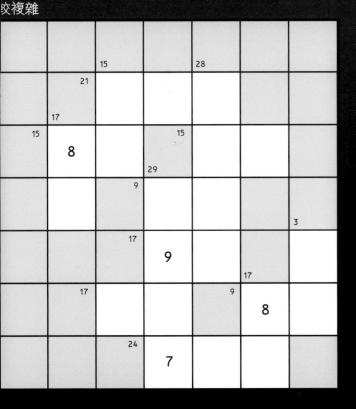

所有這些謎題的答案都可在第 187 頁找到。

數學思維

大部分邏輯思維形式涉及數字。當你進行簡單的計算時，可以不用憑空猜測。你會依靠數字的邏輯規律來求出答案。世界上大部分人都已發明出一些計算方法，並且大部分人都已發展出數字推理的方式。

計數系統

設想一下你是一位石器時代正在數羊的農夫。你可以用雙手的十隻手指來計算羊的數量。當數到 10，你將一塊石頭放在膝蓋上，然後從頭再數。如果數到了 8，你有 1 塊石頭和 8 隻手指：18。這就是現在的計數系統都是十進制的原因。

計算

假設你想用磚頭砌一面牆。這面牆有 200 塊磚頭長，12 塊磚頭高，那麼一共需要多少塊磚頭呢？這很容易計算，你只要將 12 乘以 2 得出 24，然後在它後面加上兩個 0 就得出了 2,400 塊磚頭。大多數人都利用這種技巧去計算，它們是數學思維的基礎。

幾何

數學可以按照角度和維度，來描述物體的形狀，例如三角形和金字塔形。這可以用來測量物體，如山峰的高度。如果你知道你與山峰頂部的水平距離和你仰望山頂與地平面的角度，你就可以計算出山的高度（H）。

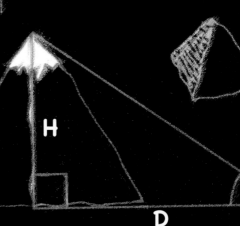

普及科學

現今，所有的科學都依靠測量事物，並將它們轉化成數字的形式。那些數字可以在數學上幫助我們理解和應用科學。科學家發明數學公式來解釋宇宙的運作，包括巨大行星、星系和極為微小可組成原子的顆粒。最終，他們希望得出能夠連接兩個極端的「萬有理論」——當他們成功時，那將是一個數學公式。

音樂與自然

出生在公元前 580 年的數學先驅之一——畢達哥拉斯（Pythagoras）發現，悅耳的和弦音樂音符與豎琴琴弦長度的二分之一、三分之一、四分之一和五分之一高度相對應。他得出一個結論：數學是自然美的基礎。這幅向日葵的數學圖形證明了畢達哥拉斯是正確的。

我們如今應用在數學上的數字系統，是阿拉伯人在公元750年從印度帶到世界向地的，至今我們仍然稱它為阿拉伯數字。

代數

某些計算的種類可以用來解決某些特定的問題，而這些形式恆常不變。這讓你可以用符號代替數字。例如，你可以用長方形的長度（L）乘以闊度（W）得出它的面積（A），因此數學公式是 L×W=A。如果你知道了面積和闊度，但是不知道長度是多少，你可以將等式的兩邊同時除以 W。左邊的 W 被消掉，最後得到了一個新的公式 L=A÷W。之後你就可以用真實的數字去替換那些字母。

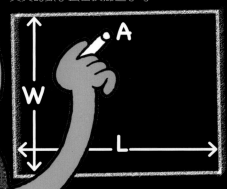

$$L \times W = A$$

$$\frac{L \times W}{W} = \frac{A}{W}$$

so $$L = A \div W$$

金字塔謎題

在問號方格中填入某些數字使得每一個方格的數字等於下方兩個相鄰方格中數字之和。

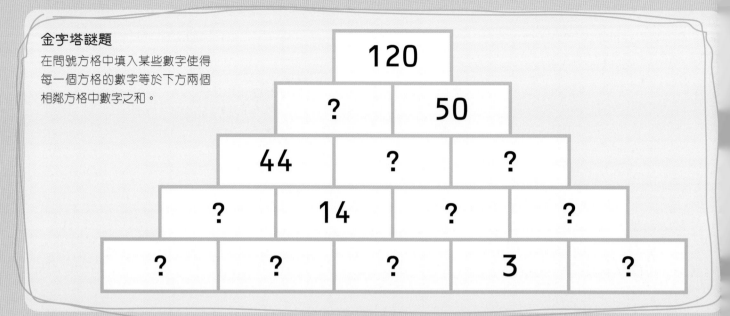

數學謎題

你需要運用數學和一點兒邏輯思維來找出這些數字謎題的答案。一些謎題比較直接並且容易解答,而有一些則較難,需要更多的思考。這裏還有幾個謎題需要你小心解答。你可在第 188 頁找到答案。

只有一次機會

用數字 1、2、3、4、5、6 來替換這個等式中的問號,使等式成立。每一個數字只能用一次。

$$?? \times ? = ???$$

花的力量

在每朵花中,周圍 4 個黑色的數字都可以同一種方式相加和相乘最終得出中間有色的數字。看看你是否能找到這個公式是甚麼?第三朵花中間的數字應該是多少?

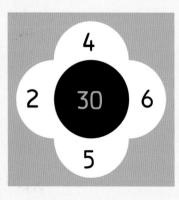
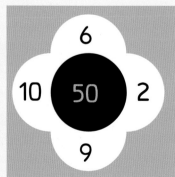
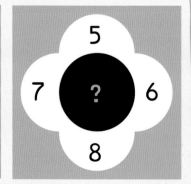

稱重遊戲

菠蘿比橙重、橙比蘋果重、蘋果比香蕉重、香蕉比草莓重。仔細觀察上圖中平衡的天平，然後試着算出需要多少個草莓才能和一個菠蘿與三隻香蕉重量相等？要多少個草莓才等於一個菠蘿、一個橙、一個蘋果和一隻香蕉的重量？

8個8

像這樣寫下 8 個數字 8。在這些 8 字之間插入 4 個加號，使它們相加正好是 1,000。

88888888

及格還是不及格？

蘇珊必須答對 20 道題中的 15 道才能通過考試。她每答對一道題得 10 分，而錯一道題則扣 5 分。她完成了考試，回答了 20 道題，得分為 125 分。蘇珊通過了考試嗎？

耀眼的星星

每種顏色的星星分別代表 1 到 4 這幾個數字。計算出每種顏色的星星是哪個數字以使這個等式成立。

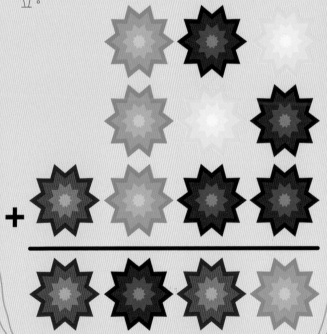

相乘的分數

600 的 1/2 的 1/3 的 1/4 的 1/5 是多少？

數學中的 魔術

許多數學都涉及研究不同數字之間的模式和關係。試着和你的朋友和家人做以下那些機智又具挑戰性的數學謎題，你會發現數學遠比你想像的更有趣。

答案是「9」

首先從這個簡單的遊戲開始，因為你會讓數學為你完成所有的事情。讓你的朋友嚴謹地按照謎題以下的步驟，而所有的答案都將會是 9。

第一步

在開始謎題前，先在一張紙上寫下數字 9，將它摺起來交給你的朋友，並請他（她）暫時不要看。

第二步

把一個計算機交給你的朋友，然後請他（她）完成以下各項：

- 輸入他（她）的年齡
- 加上他（她）家的門牌號
- 加上他（她）電話的最後四位數
- 加上他（她）養寵物的數量
- 加上他（她）所有兄弟姐妹的數量
- 乘以 18
- 將答案的各個位數相加起來。如果答案超過一位數，請他（她）繼續將各個位數相加，直到只剩下一位數。

第三步

將你之前寫下數字的那張紙展現給你的朋友看。

多米諾骨牌占卜

用基本的減法技巧計算出藏在你朋友手中多米諾骨牌的總數。

第一步

給你的朋友一組骨牌，讓他（她）從中任意選擇一塊，並且不要讓你自己知道是甚麼牌。

第二步

讓他（她）選擇骨牌上的一個數字，並用這個數字進行以下的運算——當然可以用計算機：

- 乘以 5
- 加上 7
- 再乘以 2
- 加上骨牌上的另一個數字

第三步

讓你的朋友告訴你答案。如果你將這個答案減去 14，你會得到一個兩位數，這個數字將對應你朋友手中的骨牌的兩個數字。

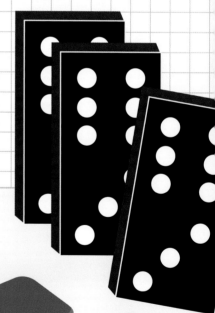

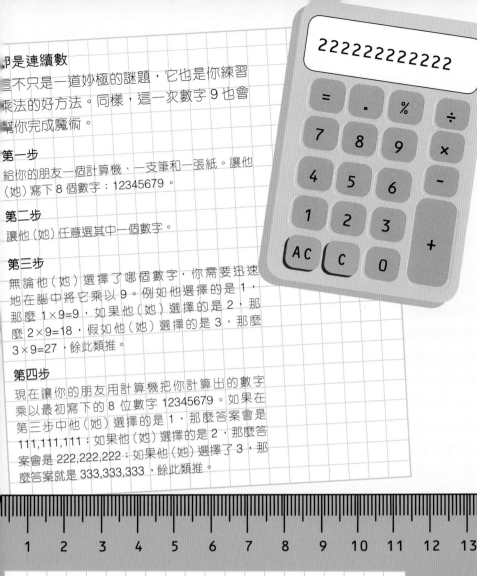

都是連續數

言不只是一道妙極的謎題，它也是你練習乘法的好方法。同樣，這一次數字 9 也會幫你完成魔術。

第一步

給你的朋友一個計算機、一支筆和一張紙。讓他（她）寫下 8 個數字：12345679。

第二步

讓他（她）任意選其中一個數字。

第三步

無論他（她）選擇了哪個數字，你需要迅速地在腦中將它乘以 9。例如他選擇的是 1，那麼 1×9=9，如果他（她）選擇的是 2，那麼 2×9=18，假如他（她）選擇的是 3，那麼 3×9=27，餘此類推。

第四步

現在讓你的朋友用計算機把你計算出的數字乘以最初寫下的 8 位數字 12345679。如果在第三步中他（她）選擇的是 1，那麼答案會是 111,111,111；如果他（她）選擇的是 2，那麼答案會是 222,222,222；如果他（她）選擇了 3，那麼答案就是 333,333,333，餘此類推。

數學天才卡爾·高斯（Karl Gauss, 1777—1855 年）曾經在數秒鐘內就計算出從 1 加到 100 的答案。他發現如果他將第一個數字和最後一個數字相加（1+100），會得出 101。將第二個數字和倒數第二個數字相加（2+99）也會得出 101，餘此類推。所以只需要將 101 乘以 50，即答案是 5,050。

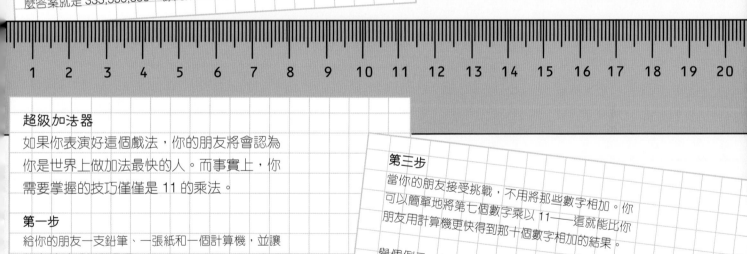

超級加法器

如果你表演好這個戲法，你的朋友將會認為你是世界上做加法最快的人。而事實上，你需要掌握的技巧僅僅是 11 的乘法。

第一步

給你的朋友一支鉛筆、一張紙和一個計算機，並讓他（她）完成以下各項：

- 寫下 1 到 19 之間任何兩個數字，一個數字在上，一個在下。
- 將兩個數字相加，將得到的第三個數字寫在這兩個數字之下。
- 將第二個和第三個數字相加，將得到的第四個數字寫在這兩個數字之下。
- 將第三個和第四個數字相加，將得到的第五個數字寫在它們之下。
- 繼續相同的步驟，直到有 10 個數字。

第二步

讓你的朋友給你看那一列數字。告訴他（她）你用紙筆能比他（她）用計算機更快把這些數字加起來。

第三步

當你的朋友接受挑戰，不用將那些數字相加。你可以簡單地將第七個數字乘以 11——這就能比你朋友用計算機更快得到那十個數字相加的結果。

舉個例子，如果你的朋友寫下以下 10 個數字：7、12、19、31、50、81、131、212、343、555，你只需把第七個數字 131 乘以 11 得出 1,441，即是 10 個數字相加的結果。不要忘記你可以假裝用筆和紙來完成這個戲法。

空間意識

你運用三維空間角度思考的能力稱為空間意識。它可以使你把形狀形像化並想像物件在不同角度下的形態。它還會賦予你方向感，幫助你閱讀地圖，還在許多運動中發揮用途。

閱讀地圖

地圖就好像是真實地形的烏瞰圖，其上有各種地形特徵標記。閱讀地圖是對空間意識很好的測試。這裏，一個男孩發現他走的路堵塞了，需要通過閱讀地圖找出一條新的路線，並將它聯繫到現實世界中。

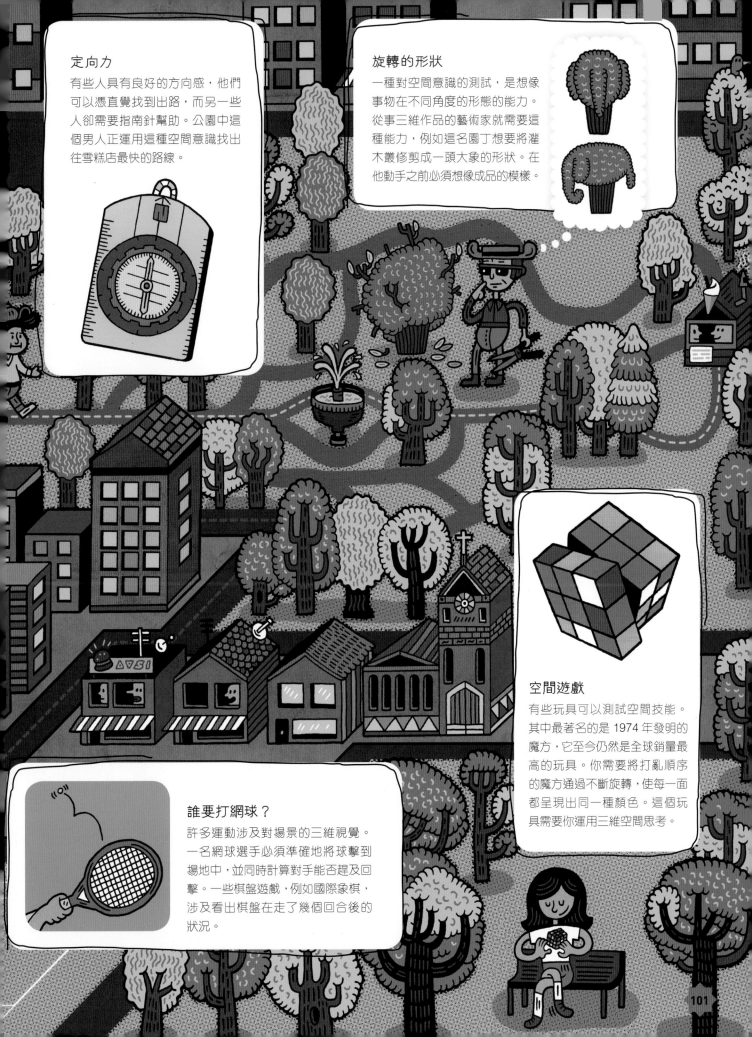

定向力

有些人具有良好的方向感，他們可以憑直覺找到出路，而另一些人卻需要指南針幫助。公園中這個男人正運用這種空間意識找出往雪糕店最快的路線。

旋轉的形狀

一種對空間意識的測試，是想像事物在不同角度的形態的能力。從事三維作品的藝術家就需要這種能力，例如這名園丁想要將灌木叢修剪成一頭大象的形狀。在他動手之前必須想像成品的模樣。

空間遊戲

有些玩具可以測試空間技能。其中最著名的是 1974 年發明的魔方，它至今仍然是全球銷量最高的玩具。你需要將打亂順序的魔方通過不斷旋轉，使每一面都呈現出同一種顏色。這個玩具需要你運用三維空間思考。

誰要打網球？

許多運動涉及對場景的三維視覺。一名網球選手必須準確地將球擊到場地中，並同時計算對手能否趕及回擊。一些棋盤遊戲，例如國際象棋，涉及看出棋盤在走了幾個回合後的狀況。

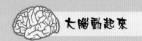

用二維
視角觀察

我們經常會以三維活動（如體育運動）來思考空間意識。但是空間技能也可以幫助我們解決二維空間問題，比如在二維了解紙上的圖案。運用這些技能來弄清楚這些謎題中的二維物體如何互動。答案在第 188 頁。

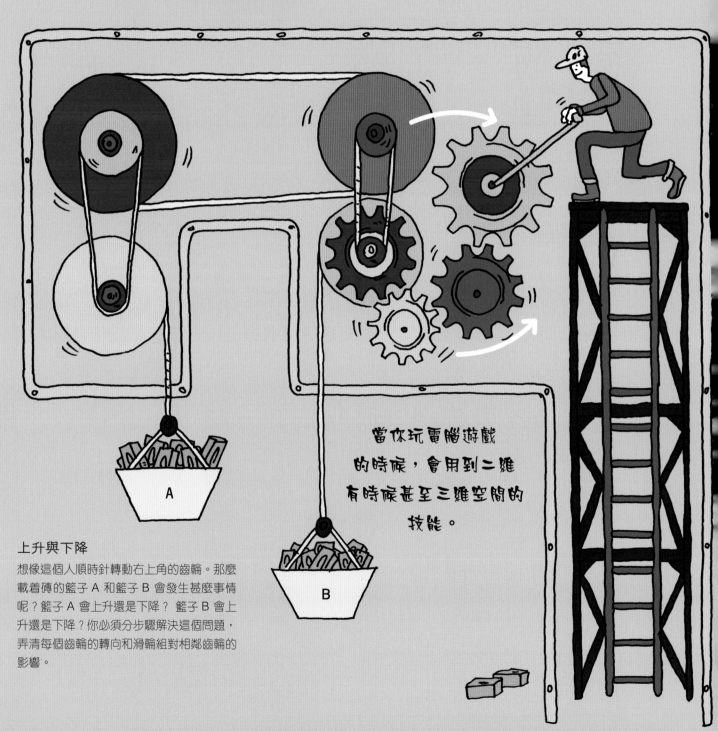

當你玩電腦遊戲的時候，會用到二維有時候甚至三維空間的技能。

上升與下降

想像這個人順時針轉動右上角的齒輪。那麼載着磚的籃子 A 和籃子 B 會發生甚麼事情呢？籃子 A 會上升還是下降？籃子 B 會上升還是下降？你必須分步驟解決這個問題，弄清每個齒輪的轉向和滑輪組對相鄰齒輪的影響。

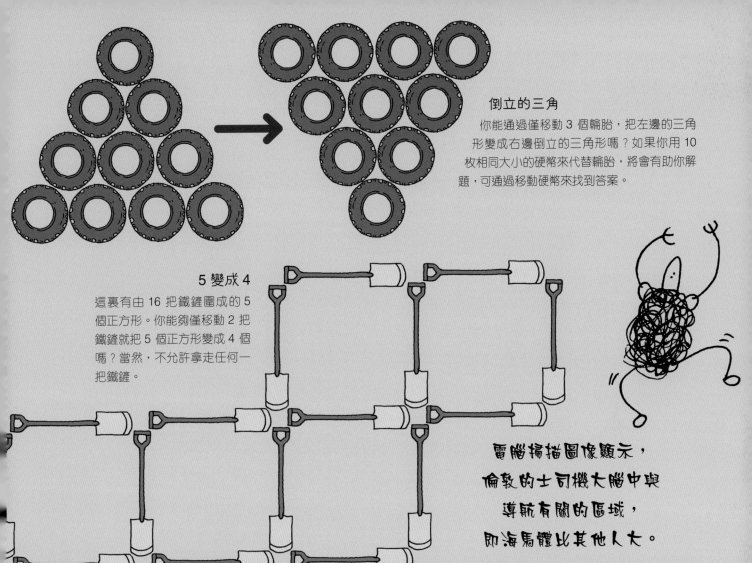

倒立的三角

你能通過僅移動 3 個輪胎，把左邊的三角形變成右邊倒立的三角形嗎？如果你用 10 枚相同大小的硬幣來代替輪胎，將會有助你解題，可通過移動硬幣來找到答案。

5 變成 4

這裏有由 16 把鐵鏟圍成的 5 個正方形。你能夠僅移動 2 把鐵鏟就把 5 個正方形變成 4 個嗎？當然，不允許拿走任何一把鐵鏟。

電腦掃描圖像顯示，
倫敦的士司機大腦中與
導航有關的區域，
即海馬體比其他人大。

平均分配

在這個建築地盤中的工人、手推車和幾堆磚頭，看起來像是隨意地擺放。然而，你是否能夠加入兩條直線，而把這片工地分成五份，每份都有一名工人、一部手推車和一堆磚頭。

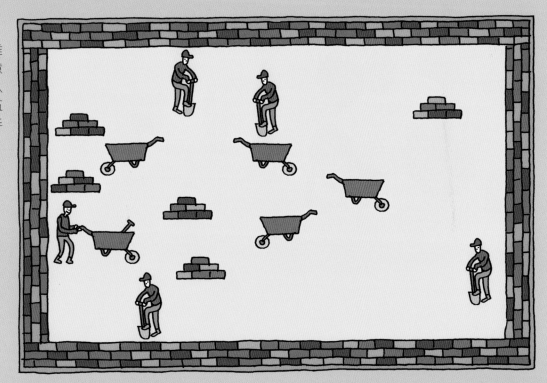

以三維想像思考

你每天進行的許多事情例如散步或者打電話都要依靠空間意識能力。你無時無刻不在運用這種能力以至會覺得十分自然，根本想也不用想。你需要多集中精神來解答這些三維問題。翻到第 188 頁去找答案。

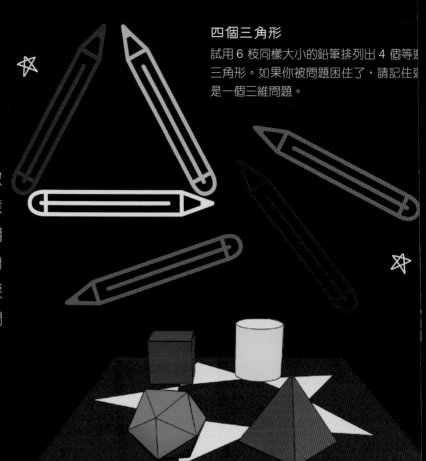

四個三角形

試用 6 枝同樣大小的鉛筆排列出 4 個等邊三角形。如果你被問題困住了，請記住這是一個三維問題。

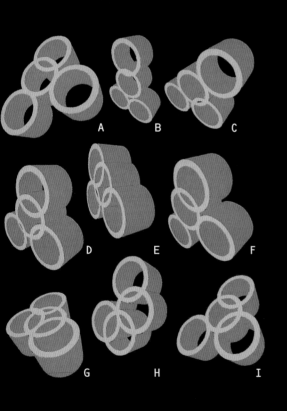

不同的角度

雖然這 9 個三維圖案看起來都不一樣，但是它們當中兩個是相同的，只不過是由不同角度顯示。看看你能否找到那兩個相同的圖案。你需要以不同的角度觀察每個圖案。

從頂部觀看

以上的側視圖中有四個擺放在板上的三維物件（以順時針方向分別是正方體、圓柱體、金字塔形和二十面體）。你能指出下面六幅俯視圖中，哪一幅與三維物件從側面看的位置匹配？

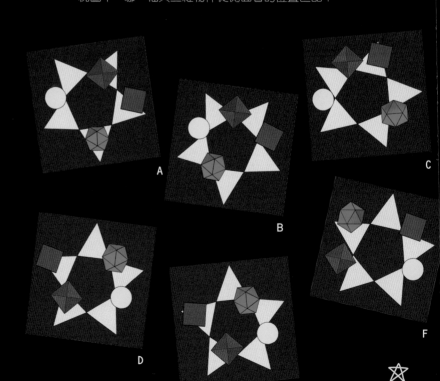

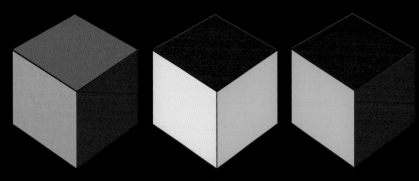

還原魔方這個最為
著名的空間意識謎題的
世界紀錄只需7.08秒。

哪面朝下

這裏有同一個正方體的三個不同側面。每個側面的顏色都不同。你能猜出第三個正方體的底面是甚麼顏色嗎？

狡猾的盒子

以下畫有水果圖案的紙板可以摺疊成一個正方體。你能指出右側六個正方體中哪一個是以下紙板摺成正方體後的樣子嗎？

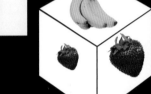

A B C

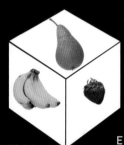

D E F

尋找形狀

這個立方體是由 27 個小正方體組成。它被分成了具有 3 個顏色的組塊。當把藍色和橙色的組塊拿走後，只留下了粉紅色的組塊。但是以下 5 個三維組塊中哪一個與剩下的粉紅色組塊匹配呢？

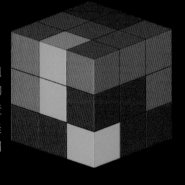

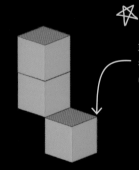

這兩種形狀
都從正方體
中拿走了

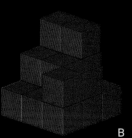
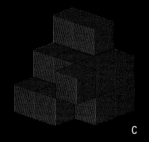
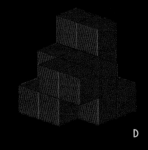
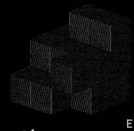

A   B   C   D   E

發明

人們不時會通過找到新的想法從而使生活更方便，甚至能改變世界。將這些發明轉變成實用的科技需要不懈的努力，但是最初的設想往往是由受啟發的天才產生的。

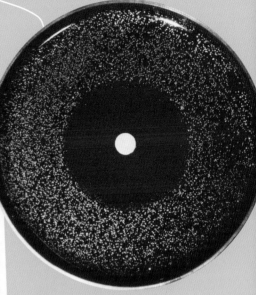

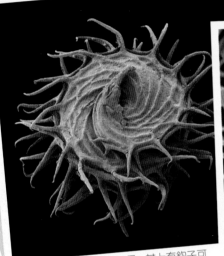

如上圖這種稱為刺果的莢果，其上有鈎子可掛在動物的皮毛上，從而把種子帶離母體並傳播到遠方。

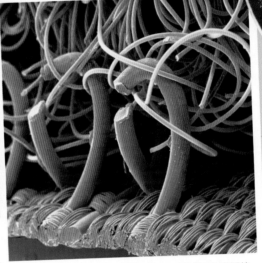

硬質魔術貼上的鈎子（放大圖片中紅色的部分）模擬植物毛刺上的鈎子，並固定在編織墊的軟環上。

建立連接

有一些發明涉運氣，以及足以了解它的知識。1928 年，亞歷山大·弗萊明（Alexander Fleming）試圖尋找能夠對抗細菌性感染的方法時，看到了一羣在沒有洗乾淨的培養皿上生長的霉菌，竟把周圍的細菌殺死——就像上圖中培養皿上的白點。他意識到自己已發現世界上第一種抗生素藥物——盤尼西林。

明智的想法

具發明意念的人總是很善於觀察周圍的事物，並能將它與其他想法聯繫在一起。1948 年，瑞士發明家喬治·德·米斯特瑞爾（George de Mestral）注意到有很多植物種子鈎在他的衣服上。他發現那些種子上帶有微小的鈎子能掛在纖維上面，之後他利用這個發現發明了魔術貼。

解決問題

1993 年，英國發明家特雷夫·貝里斯（Trevor Baylis）正收看關於愛滋病在非洲傳播的電視節目。他意識到人們死於此病是因為他們不能通過收音機接收重要的消息，而原因僅僅是因為當地缺乏電力。他於是發明了一部靠連接小型發電機發條裝置而驅動的發條收音機，解決了這個問題。

諸貝爾獎是由瑞典化學家阿爾弗雷德·諾貝爾（Alfred Nobel）在他於1867年發明甘油炸藥後用所賺到的財富建立的。

世上最重要的發明
或許是輪胎——但沒有人
知道到底由誰發明。

專業發明家

有些人是如此善於發明東西，以至將發明變成一門事業。美國的托馬斯·愛迪生（Thomas Edison）就是超過 1,000 種裝置的正式發明人，其中包括了他在 1879 年發明的世界上第一盞電燈（左圖所示）。雖然他的許多發明都來自別人的靈感，但他的實驗室儼如一間發明工廠。

幸福的意外

再一些發明是在意外事件中成就的。1853年，美國百萬富翁科尼里爾斯·范德比爾特（Cornelius Vanderbilt）在紐約薩拉托加·斯普林斯的一家餐廳中投訴薯片切得過厚，廚師喬治·克拉姆（George Crum）再重新製作出一些特別薄而且脆身的薯片。范德比爾特雖然沒有被打動，但是這些「薩拉托加薯片」就是世界上第一種薯片。從此，這種配上不同口味的薯片小食，就在世界各地受到廣泛喜愛。

1887 年，約翰·鄧祿普（John Dunlop）為了改良兒子的三輪車，而把園藝軟管加進輪子中，從而啟發他發明了充氣輪胎。

專門知識

許多發明的原理很簡單，但是另一些發明卻需要專門的知識。在 20 世紀 60 年代，美國化學家史蒂芬妮·克沃勒克（Stephanie Kwolek）發明了一種稱為聚苯二甲酰的塑料，這種材料擁有比鋼鐵堅固五倍的彈性纖維。她發明的克維拉纖維是現今用來製作防彈衣的材料。

防火以及非常堅硬的克維拉物料可以保護消防員不受傷害。

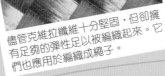

儘管克維拉纖維十分堅固，但卻擁有足夠的彈性足以被編織起來。它們也應用於編織成繩子。

沃納‧馮‧布勞恩

沃納‧馮‧布勞恩（Wernher von Braun）是一名有遠見的發明家：他可以預見未來並能使之成為現實。他是登月載人火箭——土星 5 號幕後的科學家，並且在那之前策劃開發了更小型的火箭。他還有志建立一個圍繞軌道運行的宇宙太空站，以及載人登陸火星的飛行。但是這一切卻是來自他早期為德國納粹發明的致命 V-2 導彈的經驗。

1928 年，一輛配備火箭推進器的德國歐寶汽車，在柏林阿瓦斯賽道上疾馳。

升空

生於 1912 年的馮‧布勞恩在他兒童時期就展現了對天文學的熱情。受到火箭推進的歐寶汽車和火箭先驅赫爾曼‧奧伯特（Hermann Oberth）的作品的啟發，他對宇宙旅行十分着迷，並加入了柏林大學的宇宙旅行學會，協助赫爾曼‧奧伯特在大學中進行火箭研究。

馮‧布勞恩在 12 歲時，曾因把火箭接駁在卡車上，並在柏林繁忙的街道上點燃它而被捕。

一枚被俘獲的 V-2 導彈於二戰後不久的 1945 年 10 月，由英國科學家發射。

錯誤的目標

在 20 世紀 30 年代末，德國納粹官方遊說馮‧布勞恩開發 V-2 導彈作為武器。然而馮‧布勞恩總是說他只對太空旅行感興趣。當聽到第一枚可運作的 V-2 導彈轟炸了倫敦的消息後，他說：「如果不是在錯誤的星球着陸，火箭的運作會非常完美。」

重新發射

1945 年，馮‧布勞恩向美軍投降後被帶到美國。最終，他參加了一個由 127 個工程師組成的技術組，這些人都曾研究 V-2 火箭。他們的目的是將 V-2 火箭變成原子彈。然而，1958 年馮‧布勞恩其中一支火箭被用來發射第一枚美國衛星——探險家 1 號。這標誌着俄羅斯和美國之間的太空競賽開始了，並推動了人類的登月創舉。

到第二次世界大戰結束前，共有3,225枚V-2 導彈向盟軍的目標發射，差不多每天10枚，數量驚人。

火箭科學

當馮‧布勞恩正研究美國第一枚火箭時，他提出了一些更具雄心的太空探索計劃。他設計了一個圍繞軌道運行的巨大載人太空站，並設計出多種往月球甚至火星遠征的方案。他之後成為了製作有關太空旅行電視節目的華特‧迪士尼的顧問。

登月

馮‧布勞恩的偉大成就，是20世紀60年代末負責登月任務的龐大土星5號「超級推進器」火箭。這遠比以前的火箭要大，備有足夠的動力把重物帶進地球軌道及以外之處。馮‧布勞恩的夢想在1969年成真了，當年他的火箭帶動阿波羅11號升空，並率先載人成功登月。史上總共有六次成功的登月任務，都是採用土星5號推進器。

着陸

後來，太空穿梭機明顯逐漸取代了馮‧布勞恩土星火箭的地位，因為它並不適合地球軌道以外的任務。馮‧布勞恩想更進一步探索月球和其他星球的希望幻滅了，並在1972年起停止參與美國太空計劃。他不久患病，並於1977年逝世。然而，他把太空人送上太空並成功登月的主要宏願已經達成了。

嗨

好嗎？

來嗎？

走吧

語言

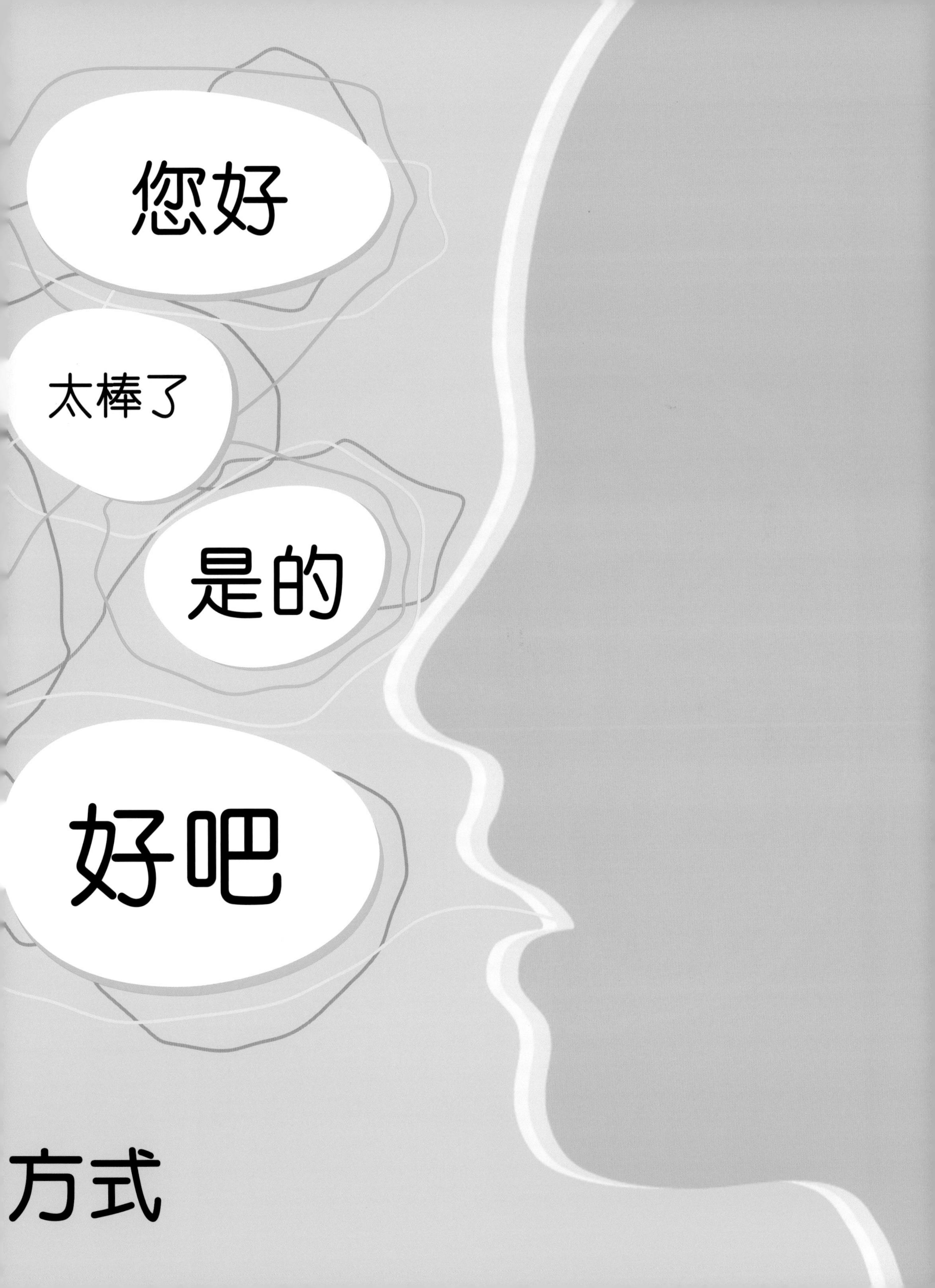

方式

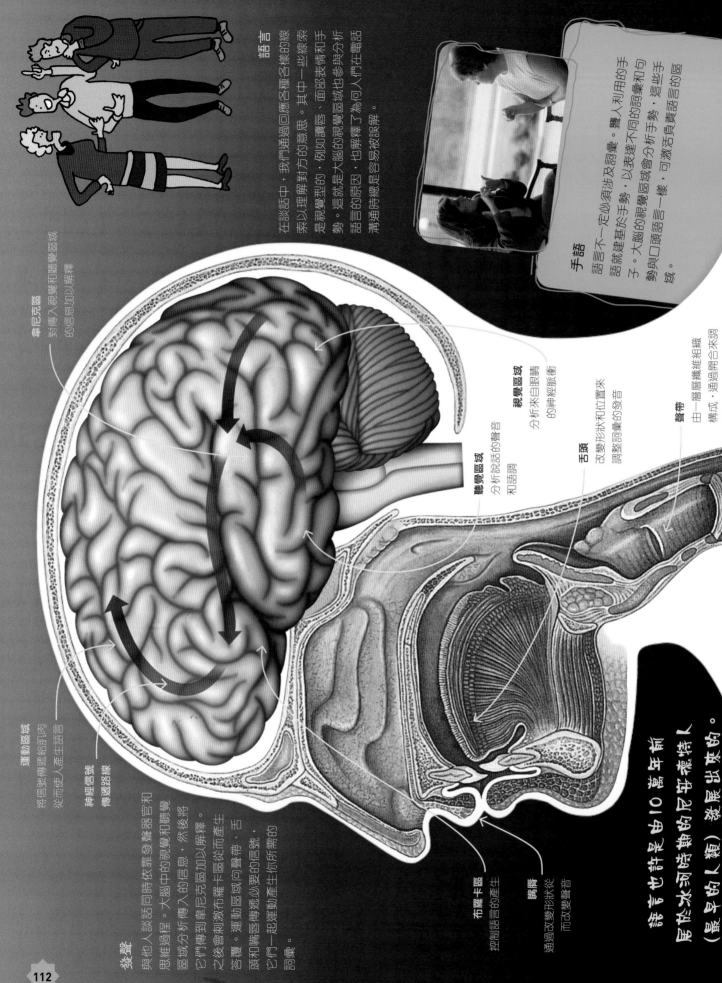

手語

語言不一定必須涉及詞彙。聾人利用的手語就建基於手勢，以表達不同的詞彙和句子。大腦的視覺區域就像口頭語言一樣，可激活負責語言的區域。

語言

在談話中，我們通過回應各種各樣的線索以理解對方的意思，其中一些線索是視覺型的，例如讀唇。面部表情和手勢。這就是大腦的視覺區域也參與分析語言的原因，也解釋了為何人們在電話溝通時總是容易被誤解。

韋尼克區
對傳入視覺和聽覺區域的信息加以解釋

運動區域
將信息傳遞給肌肉，從而使人產生語言

神經信號
傳遞路線

發聲

與他人談話同時依靠發聲器官和思維過程。大腦中的視覺和聽覺區域分析傳入的信息，然後將它們傳到到韋尼克區加以解釋。之後會到羅布卡區從而產生答覆。運動區域向聲帶，舌頭和嘴唇一起運動遞送必要的信號，它們一起運動產生你所需的詞彙。

聽覺區域
分析說話的聲音和語詞

視覺區域
分析來自眼睛的神經脈衝

舌頭
改變形狀和位置來調整詞彙的發音

聲帶
由一層層纖維組織構成，通過開合來調整聲音和音調

布羅卡區
控制語言的產生

嘴唇
通過改變唇形狀從而改變聲音

語言也許是人類（最早的人類）發展出來的。居住於水河谷時的自己用長達10萬年前

學習說話

我們複雜的語言是人類區別於其他動物的特徵之一。一隻鸚鵡也許能說話，但是牠不能利用語言來表達牠的想法。說話不僅是發出正確的聲音，而且要利用聲音去相互溝通。我們年幼時就開始學習說話，並且隨着我們成長，語言技能也不斷加強。

第二語言

當我們很年幼時，學習另一門語言較為容易。這是因為在那個年齡，我們的大腦可以對每一個學習新的刺激產生反應。有些兒童甚至可以同時學習兩種語言。但是隨着年齡增長，學習語言會變得困難。對於許多成年人來說，那幾乎是不可能的，除非他們能在說那門語言的國家待上一段時間。有些人學習語言的效率比別人高，可能是因為他們的大腦處理語言的區域更為發達。

鸚鵡學舌

你可以教一隻鸚鵡說話，但是鸚鵡絕不能真正與人交談。鸚鵡不過學會重複聲音，而且只能理解它才能說出的個別詞彙，但卻不能整合出屬於自己的句子。這種能力是人類獨有的。

可愛的波利！

如果我非常聽話並且吃了捲心菜，我能再吃一點雪糕嗎？

我想吃巧克力！

還要 書包 貓

詞彙和句子

嬰兒對詞彙和語法結構極為敏感，到兩歲的時候基本上已認識了近 300 個單詞。他們開始將詞彙建在一起使用，直到四歲那時大部分兒童自己可以說出簡單的句子。等到五六歲時，他們可以將更複雜的句子整合在一起。

諾姆·喬姆斯基 (Noam Chomsky)

諾姆·喬姆斯基於 1928 年出生，他是語言學的關鍵人物之一。他認為兒童擁有本能上的理解能力，以及組合句子的技能——即使不同語言的運用方式不同。他認為那些能力是個理論而聞名於世。他認為那是自然遺傳的一部分。

談話

當你在讀或寫的時候，你的大腦通過搜尋你的詞彙庫來選擇自我表達所需的詞彙。以下的遊戲測試你對詞彙之間關係的理解，還能顯示出當你在奇怪的處境讀一些詞彙時，大腦多麼容易變得混亂。你可在第 189 頁檢查答案。

找不同

在以下清單每一組詞彙中，5 個詞彙中有 3 個在某些方面是相關的。看看你能否猜出每一組詞彙中兩個不相關的詞彙，並說出原因。

1. 船、錐子、桅桿、貓、甲板

2. 釘書機、鉛筆、尺子、筆、蠟筆

3. 月亮、地球、火星、太陽、海王星

4. 海豚、麻雀、知更鳥、烏鴉、海馬

5. 樹、跑、花、天空、笑

迅速比較

找出詞彙之間的關係是準確使用詞彙的第一步。選擇正確的詞彙來完成以下的造句。

- 鳥的喙對比人的（　）
  眼睛、嘴、頭髮、毛髮、烏鴉

- 眼睛對於景象就如同鼻子對於（　）
  氣味、芳香、味道、觸覺、聽覺

- 內與外就如同關與（　）
  向上、後面、開、下面、上面

- 鋼筆與墨水就如同刷子與（　）
  鉛筆、顏色、紙張、油漆、筆法

- 三輪車與三就如同自行車與（　）
  二、四、單車、五、一

藍色	綠色	橙色	白色	粉紅色
紅色	橙色	藍色	綠色	橙色
白色	粉紅色	綠色	紅色	紅色

藍色	綠色	橙色	白色	粉紅色
紅色	橙色	藍色	綠色	橙色
白色	粉紅色	綠色	紅色	紅色

混亂的信息

詞彙周圍的環境會影響你閱讀的方式。

第一步

自我計時，看一看你讀出所寫詞彙的顏色需要多少時間。注意，讀出的不是詞彙，而是它的顏色。看左上方 15 個詞彙。

第二步

這一次讀下方這 15 個詞彙，再次計時。

第二次所用的時間明顯要比第一次所用的時間長。對那些太善於閱讀的人來說，很難不脫口而讀出所看到的詞彙。如果詞彙的顏色和詞彙本身不相同，那麼我們讀出詞彙的時間要遠比說出它顏色的時間短。

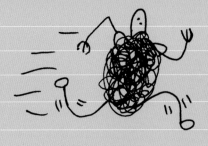

彩色生物

自我計時，大聲地讀出左邊這組動物的顏色和名字。例如，第一隻動物是一隻藍色的兔子。然後再大聲地讀出右邊那一組動物的顏色和名字，比較一下兩次所用的時間。

在這些混亂信息的遊戲中，我們很難去忽略詞彙。我們為了完成任務必須抑制自動讀出單詞的反應。這就減慢了我們的速度。

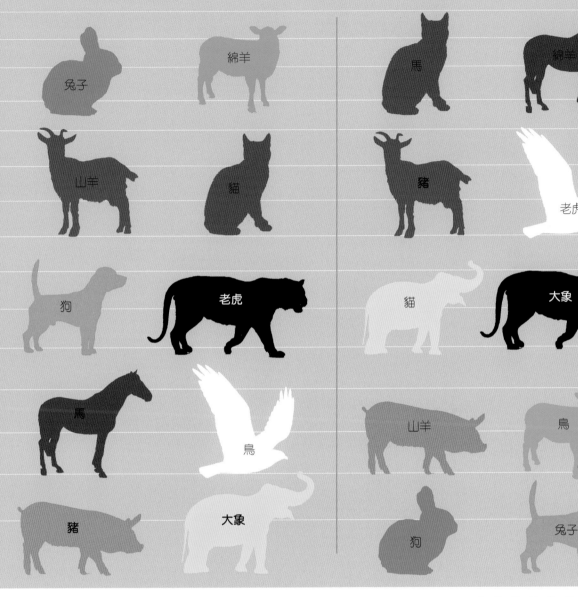

兔子　綿羊

馬　綿羊

山羊　貓

豬　老虎

狗　老虎

貓　大象

馬　鳥

山羊　鳥

豬　大象

狗　兔子

同義詞與反義詞

這個遊戲測試你對單詞互相之間關係的知識。在「同義詞」的遊戲中，每行挑選兩個詞彙，在左右兩組中各挑選出意思最貼近的一個詞彙。然後在「反義詞」的遊戲中，挑選出意思相反的兩個詞彙。

同義詞

棒極、飢餓、工作	飢渴、貓、強壯
勞累、裁剪、包括	蘋果、困倦、惡化
恐怖、垃圾、派對	頂部、魚、嚇人
朋友、香蕉、愚蠢	抓住、成長、笨蛋

反義詞

隱藏、距離、稱讚	蔑視、眨眼、聽
鋒利、咀嚼、邊緣	叮咬、中心、奇怪
彎曲、合理、謎題	凌亂、無邏輯、測試
爬行、離開、開始	返回、散步、旅行

運用語言

我可以買兩張
電影戲票嗎？
我們可以挑選
座位嗎？

我們是三月份去的。我認為
那是去滑雪最好的時節，因
為那時候雪很多。

你們是甚麼時
候去的？

你認為他會原諒我嗎？

我們去年在阿爾卑斯山滑雪
的經歷非常了不起。

我們也會在那
時候去。孩子
們會喜歡的！

也許你應該向他
解釋一下原因，
然後看看他怎麼說。

他在做甚麼呢？

語言與學習

如果我們沒有語言，我們就只能通過模仿
去學習。這或許對部分能力沒有影響，
但是大多數複雜的事情必須通過語言的描
述來學習。以上的那個小孩子不理解買票
看電影的過程，如果不向他解釋他也不會了
解。你需要語言來學習。

社交本能

我們透過相互交談以傳遞信息。數千年前，
大量這些信息可以幫助人類尋覓食物或避免
危險。在現代社會，我們花費更多時間聊一
些與生存無關的事情——就像這些人在討論
他們的假期。但是我們無時無刻也在交流信
息。

對話

有些對話很簡單，但是一場嚴肅的對
話涉及仔細聆聽和以你認為準確的方
式來回答。如果你並不十分了解對方，
那麼對話會難得多，因為那些有助我
們溝通的表情和肢體語言，在與陌生
人交談的時候會比較難理解。

我們運用語言交流所有事物，從我們周圍世界的簡單事實到有關生命意義或宇宙性質這樣抽象的概念不等。我們能夠討論歷史事件也能夠計劃未來。更重要的是，我們可以從他人的經歷中學習，形成自己的知識基礎，並且傳播這些知識。文化的傳播不能缺少語言。

世上所知最為古老的故事，是由澳洲原住民講述的關於12,000年前（根據地質學家估計）一座火山爆發的故事。

語言推理

與別人對話有時候是試圖通過語言推理來遊說對方。你主要通過仔細聆聽和在回覆前努力地思考來達成目的。別人剛剛說了甚麼？他說的話中有甚麼謬誤嗎？如果你能指出他的錯誤，你或許會在這場辯論中獲勝。

講故事

在過去，大多數人有閱讀能力之前，思想與故事都是通過一代代人口耳相傳下來的。有些善於講故事的人能夠記住長篇且複雜的故事。但是這種口耳相傳的傳統正在消亡，而大多數久遠的故事也只是因為被記錄下來才得以保存。

語言和思維

你可以不通過語言來直接思考嗎？可以，如果你只是種樹或者剝香蕉皮是沒問題的。我們的祖先大概不需要語言去打獵或者收集食物。但是語言對於抽象思維是必不可少的，例如複雜的科學思維，因為那些事物超過了我們的經驗範圍。

響亮的詞彙

説出來

這個遊戲是檢查你運用詞彙的有趣方式，同時也可測試大腦迅速思考和建立事物之間關係的能力。

如果在限定時間內能得出 10~15 個單詞的聯繫，表示你有良好的詞彙運用技能。

你需要：
- 兩名參與者
- 計時器
- 筆和紙

第一步

請你的朋友在 30 秒內盡可能地寫出他（她）想到的動物，並開始計時。

第二步

對每個有名字的動物，都在紙上打上剔號。如果有任何你不認識的詞彙，可以去問問成年人。

第三步

這一次，請你的朋友讓你在 30 秒內寫出所想到的水果。下一次，你自己規定主題的範圍。

選詞填充

這個遊戲可以測試你理解環境中詞彙的能力。這些詞彙應該填在故事的哪個括號中呢？其中有兩個詞彙是多餘的，所以要仔細選擇！答案在第 189 頁。

- 震驚
- 抓住
- 看
- 友好
- 難看的
- 恐怖的
- 驚恐
- 機會
- 飛
- 高高的
- 一秒
- 母牛

X 射線看到了那個形狀後幾乎呆住了。他抬頭看了看那個像鳥一樣的（　　　）動物，停在了（　　　）建築物頂部。X 射線知道這將是一場對抗死亡的戰鬥。當野獸偵察到下方的 X 射線時，它發出了一聲（　　　）的尖叫，並且不用等（　　　）便以一種驚人的速度飛撲下來。它用它的爪子緊緊（　　　）X 射線，在他有（　　　）思考之前將他帶走。X 射線在起初的（　　　）之後，掙開了野獸的束縛並（　　　）了它臉部一眼，然後用激光射向了野獸明亮的眼睛。最後野獸（　　　）地尖叫並放走了英雄，X 射線（　　　）到了安全地帶，準備下一次挑戰。

你的大腦擁有令人驚訝的詞彙記憶容量，一般是通過將單詞與視覺圖像聯繫起來。這些遊戲有助你鍛煉詞彙技能、增加詞彙量和自信，使你不會再忘記單詞。

一幅圖畫一個故事

這裏有一個測試你講故事能力的遊戲。選擇對面格子中五個物件來編一個簡短的故事。選擇時必須從直線或對角線中選。你必須在故事中用到選擇的五個物件並且使用適當的句子。試着發揮你的想像力，看看你的故事是一個想像中的世界還是只是一天的校園生活！

密切相關

尋找到你需要的詞彙很多時候並非易事。這個遊戲測試你聯想有相關意思的詞彙的能力。

你需要：
- 兩名參與者和一名成年人來協助完成遊戲
- 筆和紙
- 頂部有洞的盒子
- 計時器

第一步
讓成年人在 12 張紙上分別寫下 12 個詞彙（名詞與形容詞）。將每張紙摺起來並裝入盒子中。

第二步
讓第一個參與者抽出一張紙並讀出上面的詞彙。而第二個參與者就必須說出一個意思相近的詞彙。如果是名詞「遊艇」，那麼他（她）就可以說出「船」，或如果是形容詞「寒冷的」，那麼他（她）可以說出「冰凍的」。

第三步
遊戲一直持續直到其中一名參與者停下來超過 5 秒或者再想不到適合的詞彙。讓成年人用計時器來計算找到答案的時間。

保持談話

現在到了隨機應變的時候了——希望那些詞彙會滾滾而來。

你需要：
- 兩名參與者
- 測驗主持人
- 計時器

第一步
兩名參與者輪流討論一個話題 30 秒，當中不能有重複的詞彙，也不能停頓過長時間。測驗主持人決定話題，同時計時。

第二步
隨着主持人說「開始」，第一個參與者開始演講。第二個參與者如果認為第一個參與者違反了任何規則，可以提出異議，但主持人擁有最終決定權。如果挑戰者是正確的，他（她）可以繼續演講。當時間結束仍在演講的那一位就贏得一分。

第三步
之後，輪到第二個參與者圍繞一個新話題演講。每人進行三輪遊戲後，可以將每次演講時間延長到 1 分鐘。

讀與寫

就像語言對於人類社會是至關重要一樣，寫作對於文明同樣必不可少。它可以將思想保存下來並流傳給後代。我們可以閱讀到已經過世很久的人的著作，並借鑒歷史。我們並不需要總是對事物重複探索，反而可以基於前人的發現而增加自己的知識。

一些像經典拉丁語那樣古老的語言，如今也只存在書寫的形式，因為再沒有人會說這些語言了。

成人讀寫能力

許多人沒有接受過正規而良好的讀寫教育。不幸的是，那些技能在你逐漸成長的時候會變得越來越難掌握，因此成人學習閱讀往往需要花費很長時間。然而，經常閱讀的成人其閱讀速度可以比兒童快得多，這是因為成人已經不需要將能辨認的詞語再讀出來。

字母與符號

一些語言僅僅運用有限的字母就足以構成龐大的各種單詞。英語只用了 26 個字母就產生了大約 50 萬個單詞。但是在漢語中，每個單詞都有它獨特的意思。這意味着你需要至少了解 3,000 個漢字才能閱讀報紙。許多東歐語言就利用了上圖展示的西里爾字母。

學習閱讀

兒童一般在 4 歲或 5 歲開始閱讀。閱讀涉及翻譯紙上的符號，所以最容易學習的語言是那些字母或字符總是表達相同發音的語言（如意大利語）。其他語言（如英語）就要難得多，因為相同的字母組合可以表示不同的發音。

文字藝術

有些文字的形式非常優美，可被視為一種藝術形式。在過去，許多西方人學習典雅的書寫形式一這種稱為書法的藝術形式在現今仍然受很多人喜愛。在漢語中，每一個新的詞語都需要不同的漢字，而這賦予書法一種實用功能，因為書寫者可以發明一個全新的詞彙以表達某種特別的思想。這些詞彙本身就是一種藝術的創作。

圖畫與文字

兒童向來非常喜歡看漫畫書，而許多成年人也喜歡看那些基於原著的圖解小說。那些書中有文字，但是大部分意思都包含在圖畫中。文字的圖像表達同樣應用在生活中的各個方面，例如路標。這些稱為象形圖的圖表，有着普遍能理解的優點，不用計較你說的語言，也不在乎你能否閱讀文字。

你只需寫出單詞的第一個和最後一個字母，仍能讀出它是甚麼。

說與寫

雖然我們中大多數人都學過如何寫好的字，但是能寫好的人卻不多。我們可以很流暢地講故事，但是當下筆的時候就會忘記故事的情節。我們在寫作的時候總是運用不清晰的語言，這就是很多官方行文和文件難以理解的原因。在寫作中學習清晰簡練的表達自己是一項重要的技能。

讓・弗朗索・商博良

阿姆哈拉語是非洲埃塞俄比亞阿姆哈拉族人的語言。

阿維斯托語是來自伊朗東部的古老語言，當時人們用它來寫宗教經文。

有些人生來就擁有學習語言的天賦。他們可以理解別人的說話、學習如何回答，並且很快就能流利地閱讀並寫出一種語言。讓・弗朗索・商博良（Jean-François Champollion）就是這方面的天才。但是他學習的卻並不只是他那個年代的語言。他發現了一種方法以利用自己的技能去解譯一種早已被遺忘的語言，使學者重新發現古埃及消失的世界。

語言大師

讓・弗朗索於 1790 年出生在巴黎的一個貧窮家庭，直到 8 歲才上學。上學後，他馬上發現自己在語言方面擁有超凡的天賦，直到 16 歲已經能夠掌握 12 種語言。他也被那些生澀隱晦的語言如阿姆哈拉語、阿維斯托語、梵語和迦勒底語激起了興趣。最終，他成為了一名歷史學助理教授，主要研究古代語言，並以此開啟了解古代之門。

梵語是印度教徒的古老語言，可以追溯到公元前 1,500 年。

法老王的領土

當商博良還是小孩的時候，古埃及的古跡剛被發現。然而，建成這些古跡的文明是個謎，因為沒有人能讀懂紀念碑上被稱為象形文字的符號。商博良那時對古埃及人十分着迷。

拱心石

1799 年，一名法國軍官在埃及的羅塞塔港口發現了一塊厚石板。這塊「羅塞塔石板」上寫着三種語言：埃及象形文字、另一種稱為世俗體的埃及文字，以及經典希臘語。但是這三段文字都是同一件事物的不同譯本——一份於公元前 196 年由法老王托勒密五世（Ptolemy V）發佈的文件。其上存在足夠的文字紀錄以證明象形文字與希臘語的關係，以及供解譯之用——但事實上難以證實。

密碼破譯者

1801 年，羅塞塔石板被帶往英格蘭。英國學者托馬斯·楊（Thomas Young）能夠翻譯其上的埃及世俗體文字，卻對象形文字束手無策。商博良接手，並運用他的語言天賦解譯出了部分象形文字的意思，特別是那些代表名的文字。在 1822 年到 1824 年間，他將石板上所有象形文字都解譯出來，使他能理解古埃及語言。這可算是天才的成就。

商博良年僅18歲就被委派到格勒諾布爾學院教授歷史和政治。

印證代碼

1828 年，商博良與意大利學者伊波利托·羅塞里尼（Ippolito Rosellini）到埃及考察以跟進他的成果。他們希望盡可能研究更多刻在石碑和壁畫（如上圖）上的象形文字，以印證商博良的成果。他們最後證明了商博良的翻譯正確，並繼續翻譯了很多碑文。但是，考察途中商博良過於勞累，在三年後突發中風逝世，年僅 41 歲。

通往過去的窗口

在商博良之前，古埃及的世界一直是個謎。所有的事情都必須通過考古的發現來推演，但那時的考古學幾乎與尋寶差不多。當象形文字系統得以被解譯，歷史學家就可以閱讀古埃及文字並能更全面地了解古埃及人的生活。

創造性
思維

創造力是甚麼？

創造力指在沒有通過明顯邏輯思維的過程下，得出一個思想。我們總是把它想成是藝術的特質，因為畫家和音樂家都被視為有創意的人。但是創造力是所有思維過程中重要的部分。如果發明家缺乏創造力，就不會有能改變我們日常生活的發明出現，同時，「創造性的思路」在科學、政治、經濟甚至數學領域也有十分重要的角色。我們總是認為創造力與靈感有關，但它事實上是建立於堅實的知識基礎上，再加上努力的配合。

雜亂的靈念

所有創造力都涉及運用你已經獲得的知識。公元前 250 年，希臘數學家阿基米德（Archimedes）想要判斷黃金皇冠的體積。他最終用創造性的靈感解決了看個難題。但當時他是同時從腦中多個雜亂的想法中作出篩選的。

幸運的突破

有些突破是幸運意外的結果，但有創意的人會自己創造幸運。阿基米德洗澡的時候，發現當他進入浴缸後浴缸裏的水平線會上升。他那時已被測量容積的方法困擾多時，之後他發現隨着身體浸入水中，便引起了這種變化。

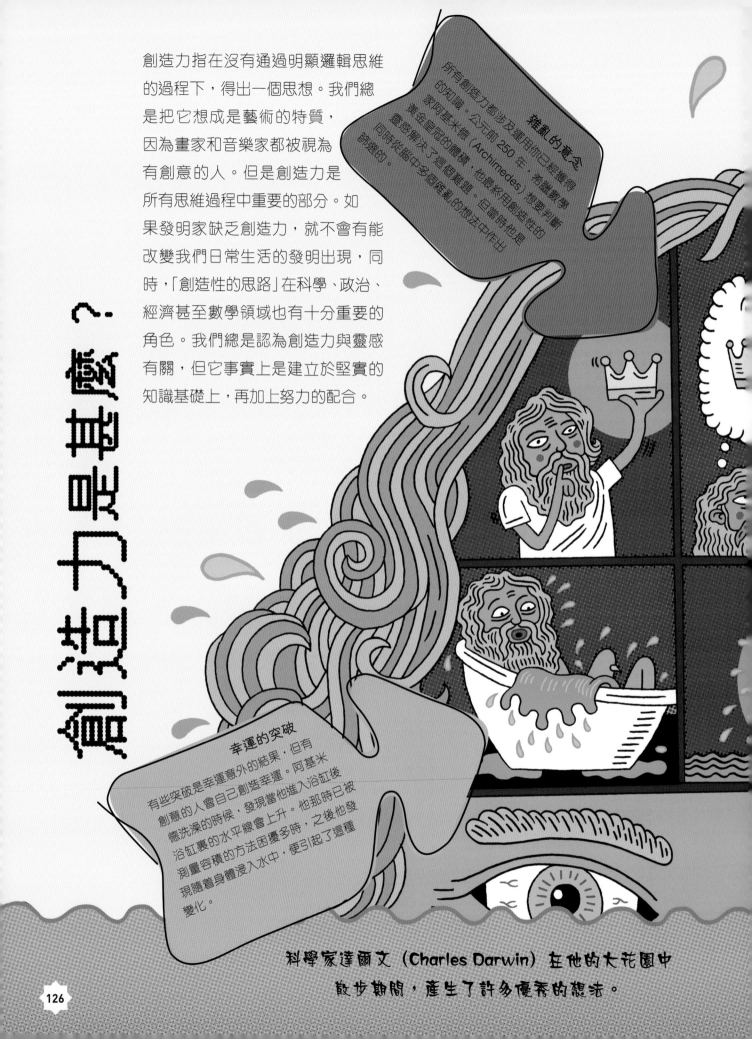

科學家達爾文（Charles Darwin）在他的大花園中散步期間，產生了許多優秀的想法。

想像

意念並非是完全抽象的概念。你可以將它們想像成可以看到、說出來，或者聽到甚至品嚐到。這是對創造力極大的提升。阿基米德並沒有為解決難題而將他所有的想像來評估諸實踐，因為他所有的想法付那些想法是否可行。

孵化

奇怪的是，將問題擱置在一旁然後做一些如在雨中漫步的事，有助產生靈感。這一孵化的時期可以幫助你清空思維，忘記一些無關的細節，或者你會注意到一些未曾留意的事實。對於阿基米德來說，滿身泥濘也可能讓他產生靈感。

對於阿基米德來說，沒有甚麼困難的挑戰。他甚至自詡為可以計算出填滿整個宇宙需要多少穀粒。

實施想法

僅僅得出靈感是不夠的，你必須通過測試和設計方案來實施你的想法。對於阿基米德來說，這涉及尋找一種精確的方法來測量皇冠浸入裝滿水的容器後所溢出水的容積。然後他就能準確地得出皇冠的體積。

腦波

當阿基米德意識到他發現了一種可以測量任何物體體積的方法（包括奇金皇冠），他激動地跳出浴缸，裸體地跑到大街上並喊叫着 "Eureka！"，意思是「我找到了！」我們將這種突然出現的靈感稱為腦波。

發明家托馬斯·愛迪生（Thomas Edison）說：「天才就是 1% 的靈感加上 99% 的汗水。」

127

連線挑戰

你能夠不讓筆離開紙張，一筆畫出 4 條直線，把所有紅點都連接起來嗎？你需要框框以外的思維來解決這個問題。

◎ 當面對像這樣的挑戰時，你需要採取一到兩種不同的方式。如果一種方式不能解決問題，那就換另一種方式直到成功為止。

自然的天賦

自然界常常是最好的設計師並且為一些重要發明提供靈感。看一看你能否將左邊的發明與右邊的靈感配對起來。

1. 新幹線子彈火車　　　A. 鯊魚的皮膚
2. 未來概念汽車　　　　B. 荷葉
3. 泳衣　　　　　　　　C. 貓的眼睛
4. 自我清潔油漆　　　　D. 箱魨
5. 馬路反射器　　　　　E. 翠鳥的喙

◎ 以上發明涉及的科學領域稱之為仿生學，即「模仿自然」的意思。以後，當你在花園或者公園的時候，看看你能否在周圍的事物中得到靈感或者新想法。

插圖故事

在畫冊或者網絡上選擇一幅圖畫！研究這幅圖畫一會兒並集中在畫的細節上。試着讓思想游移，然後圍繞那幅圖畫創作一個故事。

◎ 能夠理解和解釋藝術品是一個很好的創造力訓練，因為大腦可以思考藝術品所展示的內容並利用當中的意思。基於那些讓你產生靈感的細節，你也許能創造出一些令自己印象深刻的東西。

回到基礎

你能用一個空盒子做些甚麼？充分利用你的想像力，看看你能否設計出一些不錯的東西。當然，你總是可以複製我們的想法，但那又有甚麼樂趣呢？

◎ 一些最偉大的發明家可以將簡單的事物透過新的方法來使用。你並不總是需要複雜的材料才能產生偉大的想法！

你有創意的靈感嗎？

橫向思維

看看你能否利用一些想像和大量的橫向
思考來解決這些謎題。

謎題 A：羅密歐與朱麗葉死在地板上。他們身上沒有任何明顯的標誌，他們只是浸泡在水中，旁邊有打碎的玻璃碗。他們到底是怎麼死的？

謎題 B：如何做到不向牆面扔球或在球上繫繩子或者彈簧，又或者讓別人把球扔回來，而能使球返回你手上？

謎題 C：有人星期三來到小鎮裏，在小鎮裏住了三晚，然後在星期三離開小鎮。這可能嗎？

 當面對謎題時，我們也許會試着通過直接閱讀問題來尋找答案。試着思考謎題的其他意思，你可以學習橫向思考。

無中生有

偉大的創意潛力就圍繞在我們的家中。
試着用新的方式來運用日常物品，
例如紙巾盒、紙板管子和吸管。
也可以用空雞蛋盒加上其他引發你想像力
的東西來做一個雕塑。

 你也許會做出一個奇妙的作品，但即使你的想法會產生一個愚蠢而非華麗的結果，你也能學會如何利用自己創意的火花。

在這六個挑戰中盡量運用你創意的潛力。其中一些遊戲需要橫向思維，而另一些需要把創意完全交給雙手。通過六朵雲彩中的挑戰，看看你是否具有創意的火花！你可在第 189 頁找到答案。

提高你的
創造力

許多設計出來的技巧可用來提高創造性思維，促進你打破舊嚴謹的邏輯和固有的觀念，並且運用天馬行空的妙想來解決問題。這一般也稱為「框框以外的思考」。它幫助你從多個角度看待問題，然後得出具創造性的新方法。

腦震盪

這涉及在沒有作出判斷下盡可能提出各種想法。你可以單獨進行，但是這通常是集體活動，其中有人負責把所有想法寫下來。這會更加有趣！當所有人都不能提供更多想法時，你可看看清單上有些甚麼。有時那些最奇怪的想法會是最好的想法。

視覺思考

你可以將各種想法製成一個表格，取代將它們簡單地列出來。首先，你需要設定一個中心問題，比如全球暖化，然後增加一系列分支描述所有與它相關的事實、數據和想法。這會形成一種視覺形式的腦震盪，從新的意念引發出更激進、更具創意的想法。

橫向思考

橫向思考與腦震盪相似，是從問題的各個可能的角度來進行思考。其基本思想是辨認出並避免用「普通」的方法去看問題。你可以運用隨意的方法來引起一連串思維，例如讓書掉在地上翻開，用針插向一個頁面上，然後看看這個單詞與問題有甚麼聯繫。這聽起來很瘋狂，但效果卻十分驚人。

如果……會怎樣？

一種能夠超越固有觀念的方法，是提問「如果……會怎樣？」你可以問「如果所有公共汽車都是免費會怎樣？」這也許會導致你產生關於我們出門和汽車的角色的創造性想法。同樣，也可以問否定的問題，例如「如果沒有人收集垃圾會怎樣？」然後你或會找到解決問題的辦法。或者問一些不切實際的問題「如果寵物能說話會怎樣？」這看起來似乎很像幻想，但是它可以刺激我們產生一些關於如何對待動物的有用想法。

> 我每天陪我的主人散步兩次。

> 我訓練我的主人自己散步。

充滿力量的思考

許多人發現，當他們散步、跑步或鍛煉的時候，往往會產生一些更有創意的想法。重複性的鍛煉會解放你的思想，從而想出解決難題的方法。

逆向思維

如果你知道想要甚麼但是不知道如何實現，那麼不妨採用逆向思維。這就像在籃球比賽中把中籃的一球反過來想一樣：為了讓 C 投籃得分，A 需要傳球給 B，B 再傳球給 C。一般來說，逆向思維會在腦中產生一些你從未有過的想法。

利用表格將各種想法進行聯繫的方法，可以追溯到公元3世紀的哲學家波菲利（Porphyry of Tyre）。

你可以通過以下設計出來的練習，以不同的方式去看觀點和問題，從而提升你的創造力。試試玩這些遊戲並自由地運用你的想像！

小説故事
利用你的想像並想出不同方法，將以下的詞彙組成一個有趣的故事，或者一首詩歌：

紫色的、綿羊、易碎的、繩子、椅子、頂峰、蘋果、螺絲釘、領帶、微笑

如果……會怎樣？
運用你的創造力特質，並想出最富想像力的故事，以完成以下的場景：

- 如果我們不睡覺會怎樣？
- 如果你的馬能說話會怎樣？
- 如果我們可以去太空旅行會怎樣？
- 如果我們的眼睛長在膝蓋上會怎樣？
- 如果我們能在水中呼吸會怎樣？

創造力
練習

萬字夾藝術
你能想出萬字夾除了可將紙張夾在一起之外的其他 30 種不同用途嗎？在 10 分鐘內盡可能寫出最多的用途，想法越瘋狂越好。準備，開始！

與眾不同的穿越！
想像一下你滯留在湖的一邊，你的朋友在另一邊，你想要到達朋友那裏。試在 5 分鐘內盡可能寫出穿越這個湖泊的方法。然後再看看你的朋友寫了哪些方法。這可以產生一個有趣的穿越！

綠色憑證

創造力常常是關於我們對周圍世界的覺知，並利用它來產生靈感。你最近一次實在地觀察你的周圍是甚麼時候？選擇一種顏色，例如綠色。在你的身邊有多少事物是綠色的？或許事實比你第一時間想到的更多。

阿爾伯特・愛因斯坦（Albert Einstein）養成了他獨有的創造力練習。那些「思維練習」促成了他發展出著名的相對論。

創造力遊戲

遊戲可以解放腦袋並有助產生創造力，因此可利用你的視覺想像並為你的朋友設計一個尋寶遊戲。你可以想出一些隱蔽的線索，引導你的朋友在你的房子或花園展開旅程。這些線索甚至可以是圖畫。每一條線索引導出另一條線索直到尋找到寶藏為止。讀出第一條線索然後開始尋寶之旅吧！

萊昂納多·達·芬奇

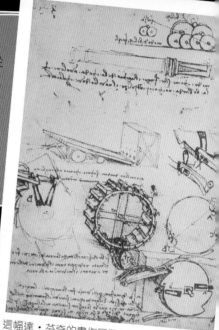

《蒙娜麗莎》被認為是一名佛羅倫斯絲綢富商妻子的肖像畫。

作為生於世上最聰明的人之一，萊昂納多·達·芬奇（Leonardo da Vinci）因為其令人驚奇的廣泛興趣而聞名。他原本是一位技巧精湛的畫家，後來對人體結構着迷並成為了解剖學的開創者。他也成為一名實用工程師和發明家，幻想出各種各樣領先於時代的驚人發明。

令人驚奇的藝術家

達·芬奇在 1452 年於意大利的佛羅倫斯附近出生。他的父親在他 15 歲的時候，將他送往佛羅倫薩畫家安德烈·委羅基奧（Andrea del Verrocchio）那裏當學徒。不久他成為了一名出色的現實主義人體繪畫家，部分是因為他對解剖學的興趣。他的工作進度異常緩慢，在 14 世紀末，達·芬奇在 17 年內僅僅完成了六幅畫。他最著名的畫是於 1505 年底完成的《蒙娜麗莎》。

有遠見的工程師

1482 年，自稱為軍事工程師的萊昂納多從米蘭公爵那裏獲得了一份高收入工作。幸運的是，他在當時遠比大多數工程師的才華更高。他對水力十分感興趣並且發明了許多利用水輪驅動的裝置。不久，他提出興建一座跨越伊斯坦布爾海灣的大橋，有可能是世界上最長的單體橋，但最終沒有建成。

達·芬奇留下了很多還沒有完成的項目，這很可能是因為他患有的注意力不足症——一種最近才被辨識出的心理問題。

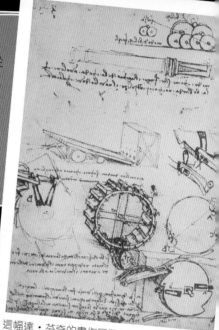

這幅達·芬奇的畫作展示了一個用於投擲石塊的武器，稱為轟擊射石炮，由水車驅動。

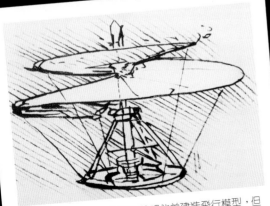

雖然在達·芬奇的筆記中說明他曾建造飛行模型，但是達·芬奇這部直升機是無法運作的。

走在時代之前

萊昂納多的許多發明在當時都無法實現，而在近代卻成為了現實。他發明了一種降落傘、一種滑翔機、一種自行車、一件使人浮起的救生衣、在水中呼吸的裝置、可以在水底攻擊敵船的武器和不會下沉的雙體船。他甚至想出直升機這種領導性的概念。

在今天，萊昂納多的繪畫，甚至手稿，都是世界上最有價值的東西。

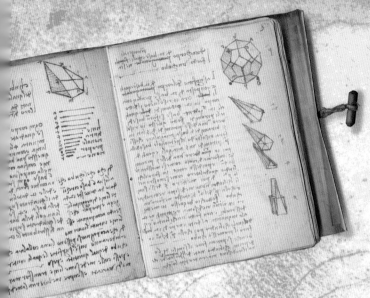

筆記與草圖

我們所以能夠了解萊昂納多許多的天賦才華，是因為他保存了畫上詳細草圖的筆記。筆記中有趣的特色是文字都是從右向左「反向」書寫的。我們知道萊昂納多是左撇子，所以從左向右書寫會因為寫字的手把濕的墨跡弄髒而變得困難。他或許因此決定反向書寫文字以解決問題——這也是他具備原創的邏輯思維的證據。

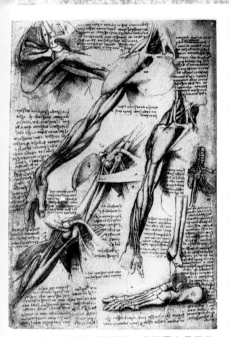

萊昂納多這些對肢體的研究，是世界上最早的繪畫的解剖圖。

可怕的着迷

達・芬奇對人體解剖十分着迷。他花費很多時間解剖人類屍體且把他的所見都畫下來。這種可怕的行為在當時被人認為非常詭異，甚至被教皇所禁止。但是萊昂納多沒有輕易放棄。他堅持下去，畫出許多他認為比文字解釋更能描述解剖特徵的素描。其中很多素描都十分詳細和精確。

科學先驅

萊昂納多對所有形式的科學都感興趣，包括光學、解剖學、動物學、植物學、地質學和空氣動力學。更重要的是，他開創了一種至今仍在應用的學習方法。與從古典作家和《聖經》獲得的知識相反，他利用革命性的方法來觀察自然。他會問出如「鳥類如何飛翔？」這樣簡單的問題。

你的大腦和

你

自我意識

你知道你是誰。你認識鏡子中和照片中的自己。你的形象包含了自己的性格和你認為別人對你的評價。這種自我意識可以使你思考自己的身份以及如何與別人交往。這就是所謂的意識。

內在的你

我們大多數人都相信存在一個可以解釋自己性格的內在「自己」。這個概念並沒有生物學基礎,而大多數科學家都認為那不過是幻想。然而,那是一種很有影響力的想法,它形成了「靈魂」的基礎。許多人相信人死後靈魂依然存在。

那就是我!

如果你把一隻貓放在鏡子前,牠不會有反應。鳥類也不能辨認到自己,而一些鳥類會誤以為那是敵人而試圖趕走牠。人類在嬰兒期也有類似的反應,但是當嬰兒長到 18 個月後,他們知道自己望着的是誰——他們已產生自我意識。

自尊心

我們都對自己的成長的目標懷有期望。如果我們沒有與期望配合,就會覺得自己很差——我們自尊心低。很多時,期望並不現實,但是有時我們的自我判斷並不準確,而事實上我們比想像中更接近期望。

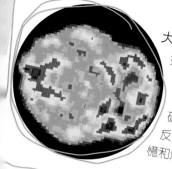

大腦總部？

如這幅腦活動掃描圖中，紅色區域是腦部的活躍區域，揭示了意識非只聚焦於大腦的單一部分。沒有人能夠在遭受腦部損傷而被破壞自我意識後，還能夠一切完好無缺。相反，意識似乎取決於大腦皮層（大腦負責記憶和思考的部分）的活動。

有些人遭受的心理狀況使他們認為自己有不止一個「自我」。平均來說，他們會認為自己有13種不同的身份。

我看起來還不錯，十分期待一會兒去找我的朋友……

自我形象

你的自我意識是由個人經歷、你對自己性格和身體外貌的想法，以及他人對你的評價組成的。如果你足夠幸運，你將會有正面的自我形象，但有些人卻有負面想法以致自我形象被扭曲。例如，容易害羞的人認為別人時刻在評價自己。

意識

沒有人知道意識到底是甚麼，但是我們都擁有意識。意識被形容為自我存在的感覺和思維過程。因此意識部分與你的身份有關，也與你的思考、計劃和分析能力有關。

性格類型

每個人都可能會因為相同的經歷而受到不同的影響。傑克討厭派對，但是他的朋友吉爾卻很喜歡。他們具有不同類型的性格。然而這不足以預測他們在面對不同經歷時的反應。傑克也許對新事物比較開放，而吉爾卻相反。我們都是由各種性格特徵所組成的複雜混合體。

古希臘人認為人類只有四種基本性格：高興、悲傷、平靜和激動。

存在於基因

你的部分性格繼承於父母，因此如果他們都是愛玩樂的人，孩子也很可能有相同性格。然而，也並非如此簡單，因為性格特徵能夠以各種方式表達出來。例如，一名有條理的藝術家看起來不可能像一名有條理的銀行家。

聚成羣體

有些人十分保守，只擁有幾個特別好的朋友。而其他人則很善於交際，與別人能夠很好地交往。如能對不同性格的人的想法持開放態度，可以幫助我們情緒和智力上的發展。它還可以幫助我們與別人合作完成任務。

個性

西方文化傾向讚頌各種造就個性的不同性格。而其他一些文化卻不鼓勵發展個性。然而，我們似乎在彰顯個性上越來越大膽，尤其體現在穿着和行為方面。最理想的是，我們作為個體會感到自信，同時仍然是社會中負責任的成員。

先天與後天

你的經歷在很大程度上會影響你的性格。例如，你最好的朋友被一輛公共汽車撞倒，那麼你對前景的看法會受影響。但是，雖然雙胞胎會因他們的個人經歷而受到不同的影響，但是他們或許會對新事物產生相似的反應。

五個分支

數心理學家認為：性格由五種特徵來界
，每種特徵都有各自的計算尺。就着每種
徵，我們每個人都處於計算尺上的不同位
。這造成了廣泛的性格組合可能性。這也
釋了人類性格無窮盡的多樣性。

神經質

擔憂
缺乏安全感
自憐

平靜
安全
自我滿足

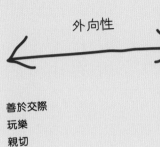

外向性

善於交際
玩樂
親切

害羞
嚴肅
保守

開放性

具想像力
獨立
愛多樣性

樸實
順從
愛刻板

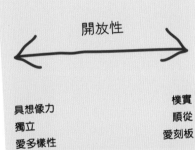

宜人性

樂於助人
仁慈
信賴

不合作
無情
多疑

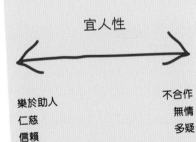

簡單的系統

人們經常利用簡單的方式界定性格。
一種普遍的系統是 A 型人：有動力和
進取心──就像上圖中的女孩；以及
B 型人：更加放鬆。但是這些簡單的
概念並不能包含性格的所有方面。

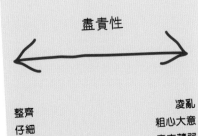

盡責性

整齊
仔細
自律

凌亂
粗心大意
意志薄弱

你是個怎樣的人？

每個人都是由情緒、習慣和特徵混合而成的個體——把以上所有結合起來就形成形成獨一無二的性格。但是你了解自己多少？做以下這個性格測試以了解自己更多。

性格測試

對每個問題，回答「是」「否」或者「無法確定」。答案沒有錯與對，只需選擇你認為最能形容你的答案，然後遵從以下的指示將各項分數相加，最後看看你的結果代表甚麼。

1 你喜歡做一些具有危險性的事嗎？

2 當你不喜歡某些人時，你會害怕告訴他們嗎？

3 你喜歡長時間談電話嗎？

4 你善於記住別人的生日嗎？

5 你更喜歡與一羣人在一起，還是結交一兩個好朋友？

6 你對別人的批評是否很敏感？

7 你會容易厭棄新的愛好，並開始另一種愛好嗎？

8 你是否享受與新朋友見面？

9 你是否經常被時忙完成作業？

10 你是否會為他人的悲傷而成不開心？

11 你在壓力之下能否經常保持鎮定？

12 當別人令你不快，你能否經常「原諒及忘記」這件事呢？

13 你覺得別人認為你比較害羞嗎？

14 你是否經常為如何度過過末而作計劃？

15 你會否保持你的房間清潔而整齊？

16 你是否很少與別人爭論？

17 你是否喜歡去探索陌生的地方？

18 你是否害怕別人對你的看法？

19 你有否經常幫忙洗衣服？

20 你是否認為自己有點兒叛反？

22 你是否想嘗試笨豬跳、跳傘或者激流漂筏這樣的活動？

23 你是否經常因為一些小事而生氣？

24 你的音樂和衣着品味是否經常改變？

25 你是否容易相信人？

26 你是否愛好某種藝術或者創造性的活動？

27 如果不同意某些人的觀點時，你會否說出來？

28 你是否感覺自己是無憂無慮、無拘無束？

29 當你開始閱讀一本書後，你能否把它讀完？

30 你是否容易感覺到焦慮？

性格類型

開放性
如果你很開放，那麼你會喜歡經歷新事物，更歡迎變化。你更喜歡臨時作出決定以實行計劃，同時也有很多時而喜歡、時而捨棄的愛好。如果你的分數低，你或許會選擇熟悉的環境和刻板的生活。你比較專注於一項愛好。

盡責性
高分數意味着你更為敏感，可靠並勤奮，盡責的人總是盡全力做每件事情，並且時常保持整潔。他們也會比較挑剔。如果分數低，那麼你也許就會有些凌亂，覺得做作業或家務活很枯燥乏味。

外向性
外向的人喜歡與別人交談並很有自信。他們追求感到快樂和樂趣，並尋求刺激，喜歡冒險。與外向相反是內向。內向的人更喜歡只結交一兩個好朋友，不愛與不認識的人結交。他們經常感到害羞。

宜人性
高分數意味着你更容易與別人相處並十分合作。如果你的分數低，你或會比其他人更易感到和易緊張。你或許也往往任意味着一個鎮定，或太坦率，大多數人隨着年齡增長會變得較宜人。

神經質
如果你的分數高，你的情緒可能會更敏感和易激動。低分數的人更不易緊張、激動，不易激動的人隨鬆，不易激動的人。

每個人或多或少都具有五種不同的性格類型，只是程度不同。你可以是一個既開放又神經質，或盡責而外向的人，五種性格特徵都是相互獨立的。

如何計算出你的分數

開放性：第7、17、20、24和26題如果回答「是」，得2分。第14題如果回答「否」，得2分。第6、18、23和30題如果回答「無法確定」，得1分。第7、14、17、20、24和26題如果回答「無法確定」，得1分。

盡責性：第4、9、15、19、21和29題如果回答「是」，得2分；如果回答「無法確定」，得1分。

外向性：第1、3、5、8和22題如果回答「是」，得2分。第13題如果回答「否」，得2分。第1、3、5、8、13和22題如果回答「無法確定」，得1分。

宜人性：第2、10、12、18、26題如果回答「是」，得2分；如果回答「無法確定」，得1分。

神經質：第6、18、23和30題如果回答「是」，得2分。第11或28題如果回答「否」，得2分。第11、18、23、28和30題如果回答「無法確定」，得1分。

將每一種性格特徵的分數相加：小於或等於3分＝低，4~8分＝中等，大於或等於9分＝高。現在來看看不同性格的特徵：分數越高，代表你越符合那個特徵！

是甚麼驅動你？

我們的行為具有多樣性，而大腦是其中一個重要影響因素。一些心理學家認為主要有兩種大腦類型：男性大腦和女性大腦，各有不同的技能。你有否注意到有些人在別人想要入睡的時候卻精神奕奕來？原因是甚麼呢？通過以下的練習可對大腦如何影響你的行為習慣有更多的了解。

檢查你的手指

睪酮雖然是雄性激素（一種導致身體變化的人體化學物質），但是也存在於女性身體中。如果你在出生前的睪酮水平高，你的無名指一般來說會比食指長，你就更有可能擁有男性大腦。

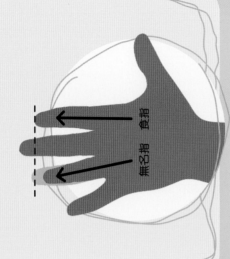

食指

無名指

自行車測試

由男性大腦主導的人比女性大腦主導的人更加善於注意微小的細節。一個可以說明這個觀點的好辦法，是請一班朋友，有男有女，然後讓他們在30秒內畫出記憶中的自行車。具有男性大腦的人畫出的自行車近似真實的自行車，會有外框及腳踏，而具有女性大腦的人畫出的自行車看起來無法行駛，但是卻會包括騎乘者。

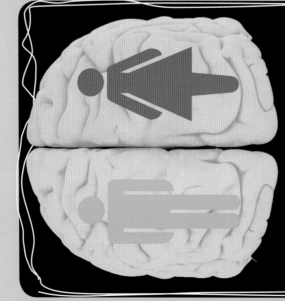

男性或女性大腦？

回答下列簡單的問題，然後翻到第189頁，看看你擁有男性技能還是女性技能。

1. 當你的朋友不開心的時候，你是否也覺得不開心？
2. 與細節相比你是否更注意那些較大的方面？
3. 在與人交談的時候，你是否更注意他們的肢體語言？
4. 與討論電視和電腦遊戲相比，你是否更喜歡談話？
5. 與地圖和圖表相比，你是否更容易理解文字信息？

生理時鐘

你的大腦有一部分區域像「生理時鐘」一樣運作，它受光線時候的強弱影響，可以指導你的身體在甚麼時候變得活躍或者平靜的激素。我們都具有自己獨特調校的生理時鐘，但是一般來說有兩類人——那些喜歡遲睡的人和那些習慣早起的人。你屬於哪一類？

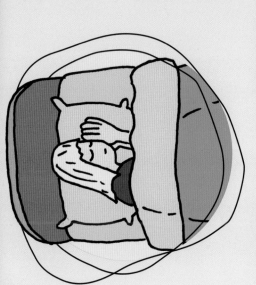

4 早上，你的鬧鐘響了。你會……

a. 跳下床，準備迎接新的一天？
b. 關上鬧鐘，然後慢慢地起床？
c. 按下催醒鍵或忽略鬧鐘？
d. 關上鬧鐘，然後掉頭繼續睡覺？

5 在一天當中，你在甚麼時候精力最充沛？

a. 早上
b. 下午
c. 傍晚
d. 夜間

6 早餐時間到了，你有多飢餓？

a. 我極度飢餓，幾乎能吃下一匹馬！
b. 我只是有一點餓。
c. 不太餓，但是我知道吃早餐對一天的開始很重要。
d. 呃，不要那麼早地提起食物！

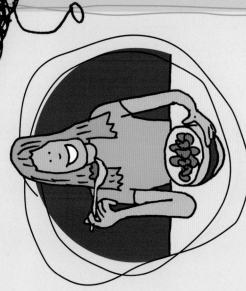

回答以下的問題然後翻到 189 頁看看你是貓頭鷹還是早鳥？

1 現在是週五的晚上，明早你不需要上學，那麼你選擇在幾點去睡覺？

a. 晚上 8：00—9：00
b. 晚上 9：00—10：00
c. 晚上 10：00—11：00
d. 晚上 11：00 以後

2 週六早上又來了，你會幾點起床？

a. 9：00 之前
b. 上午 9：00—10：00
c. 上午 10：00—11：00
d. 上午 11：00 以後

3 從打瞌睡到入睡你需要多長時間？

a. 經常少於 10 分鐘
b. 10 分鐘到 20 分鐘
c. 20 分鐘到 30 分鐘
d. 多於 30 分鐘

如果你飛往外國，在時差試驗個區區，時間帶來發生理時鐘出現混亂。當你需要清醒的時候你可能總去睡覺，就是正正相反，可能情況令人感到昏昏欲睡。這種情況令人不舒服，稱為時差。

瑪麗 · 安寧

一個已經滅絕的現代鸚鵡螺的近親—菊石，它是在侏羅紀海岸發現的眾多化石之一。

瑪麗·安寧（Mary Anning）出生於 18 世紀末期的英格蘭。她是一位自學成才的地質學先驅。她在尋找滅絕生物化石上具有極為出眾的天賦，並被許多歐洲最傑出的科學家視為這方面的專家。然而，瑪麗·安寧所有的成就都於那個禁止女性觸及學術領域的年代中實現。

侏羅紀海岸

瑪麗居於英格蘭南部的侏羅紀海岸—萊姆·里吉斯。之所以稱為「侏羅紀海岸」，是因為它的岸邊存有侏羅紀時期的恐龍化石。在 19 世紀早期，這樣的「奇珍」還沒有被人們所重視，但是來探訪的自然學者卻十分地渴望能夠找到化石。如果他們一無所獲，那麼就會向當地的收集者購買，例如瑪麗。

這幅畫展示了海灣對岸的萊姆·里吉斯以及查茅斯海灘，瑪麗在那裏發現了她一些最好的化石。

化石獵人

瑪麗的父親是一名傢具工匠，同時還是一名化石收集者，總是帶着孩子們沿着海岸尋找化石。他會在商店前的一張小桌子將化石賣給富有的尋訪者。然而在瑪麗 11 歲的時候，父親不幸去世，瑪麗的家庭也失去了收入來源。母親只好繼續從事化石生意，而瑪麗和他的哥哥就去海岸邊尋找化石。瑪麗逐漸掌握了尋找化石的訣竅，並精通如何辨認吸引人的化石。在瑪麗 20 歲的時候，她已自己進行化石交易了。

在1800 年，瑪麗還是 1 歲的時候遭受雷擊但僥倖存活。人們認為這個經歷使瑪麗擁有了非同尋常的智慧與觀察力。

海洋爬行動物

在瑪麗的哥哥發現了一隻他認為是鱷魚顱骨的化石後，瑪麗於 1811 年作出了她的第一項主要發現。她花了一整年的時間發掘一副完整的魚龍（像海豚一樣的史前海洋爬行動物）骨骼。這是人類歷史上的首次發現。瑪麗將這具魚龍化石賣給了當地的一位富翁，而後這位富翁後來又把化石賣給倫敦的博物館。那年她僅僅 12 歲。

受瑪麗的發現啟發，這幅古老的圖畫顯示了魚龍和蛇頸龍可能樣貌。

每龍

富裕的收藏家托馬斯·伯奇（Thomas Birch）對瑪麗的發現的印象非常深刻。他在 1820 年把自己的化石藏品出售，所得全部交給安寧家族。這令瑪麗建立了自己的事業，她也繼續進行其他令人驚奇的發現。其中包括了在 1823 年發現的第一副具有長頸的「海龍」的化石，後來這種生物被命名為蛇頸龍。

瑪麗帶着她的地質錘、籃子和小狗站在萊姆·里吉斯的岸邊。

大名鼎鼎的專家

瑪麗沒有接受過正規教育，但是她自學了解剖學和地質學。在早年，瑪麗與亨利·德拉貝什（Henry de la Beche）建立了一生的友誼。亨利後來成了倫敦地質學會主席。瑪麗通過會面和通信認識了許多知名的科學家，到了 1820 年代中，她被視為一名出色的化石專家。然而，瑪麗卻很少離開萊姆·里吉斯，並且只去過在當時是科學世界中心的倫敦一次。

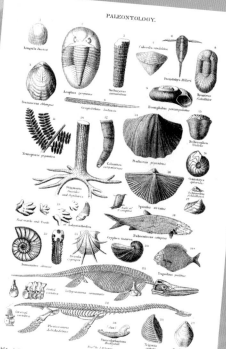

PALEONTOLOGY.

這些 1860 年的插圖包括魚龍和蛇頸龍，大概都是由瑪麗收集而來。

地質學先驅

當瑪麗·安寧在收集化石的時候，大多數科學家仍然認為地球和其上的生物是在六天內被創造的，而且只有 6,000 年歷史。瑪麗在 1847 年去世，而達爾文的進化論在她去世後 12 年才發表出來。她發現的滅絕生物的化石一直是地質學中部分最重要的發現。而她關於它們的意義的思想，也促使科學家尋找不同的方式來解釋生命的歷史。在 1824 年，有人評論瑪麗說：「……所有人都承認她在這個國家比任何人更加理解這一科學領域。」

無意識

你的生命活動中只有一部分是受到大腦有意識部分的控制的。而大量的精神活動在你意識到以前，都是無意識的活動。這包括了原始本能和繼承於遠古祖先的慾望，以及自身的感覺和記憶。它們經常以不同的方式豐富人們的性格並影響人們作出的決定。

一些心理問題出現可能是因為無意識的原因。如果你能意識到那些原因，這些問題就會迎刃而解。

感覺

香味是引起無意識記憶的重要因素。例如，青草的芳香可以讓你想起身處鄉村的經驗。研究還顯示氣味可以影響人的行為。那些在具有微弱清潔劑氣味的房間用餐的人，比在沒有氣味的房間用餐的人更傾向去整理餐桌。

卡爾・榮格（Carl Jung）

瑞士心理學家卡爾・榮格相信集體的潛意識——大量從我們的祖先那兒繼承而來的埋藏的記憶。他認為這足以解釋作為每個文化一部分的鬼故事、神話和童話故事。然而，在榮格於 1961 年去世後，他的理論已被其他觀點取代。

想像中的疾病

無意識思維可以嚴重影響身體健康。有些人會患上身心症——由心理問題如壓力所引致的病症。另一方面，一些患病的人在服用過他們認為具有療效的「藥物」後康復，即使藥物實際上並沒有任何有效成份。這就稱為安慰劑效應。

你的無意識活動不容易控制，
然而它卻對你的生存至關重要。

本能
我們大部分無意識的精神活動看似是
由本能引導。測試人們潛意識慾望，
例如貪念的腦部掃描圖顯示在大腦原始
部分出現了活動跡象。這些區域是人類
與動物所共通的，控制着基本本能，
例如食慾。

廣告
有些廣告試圖影響人們的潛意識思
想。它或會利用誘人的信息、歌曲、
口號或者各種日常用品作為聯繫。例
如，一個雪糕廣告可以與容易記住的
歌曲相聯繫，每當你聽到那首歌曲的
時候就想買雪糕。

當你到了 20 歲時，
大腦就控制強烈情緒的
那部分就會成熟。

有意識控制
進行潛意識活動測試的人們，永不會
被告知將進行怎樣的測試，因為這會使
它們有意識地控制反應。這種有意識的
控制可以使人們克服潛意識的慾望，而
這也是文明形成的重要元素。如果我們
總是隨着本能行動而不加以控制，那
麼整個社會就會崩潰。

隱藏的含義

在夢中出現的景象可能象徵了一些其他的事情。如果你夢到自己身處於一個荒島上，也許意味着你希望脫離現實生活。這種觀點曾經是被稱為精神分析學的治療方法中夢顯得很重要的一部分，但是沒有任何證據顯示壞事是那樣。

與現實的聯繫

夢境經常是睡眠中的大腦對那些確實在發生的事件的解釋。如果一隻貓在你的臥室的窗外鳴叫，你可能會夢到有個人正在唱着難聽的歌曲。在一個測試中，睡着的人被噴灑冷水，他們醒來後會說曾夢到了洗衣服、洪水或者下雨。

混雜的事件

夢境經常會把一整串奇怪事件連在一起。前一分鐘，你正騎着馬夢過屋子了。而下一刻，你跟那匹馬卻坐在一起吃午飯。你的大腦似乎擁有龐大數量的圖像以用來形成一個故事，而你只在醒來後才會覺得這個故事多麼瘋狂。

解夢

西格蒙德·弗洛伊德
(Sigmund Freud)

弗洛伊德認為，夢以象徵的形式表達了人類潛意識的著名的心理學家西格蒙德·弗洛伊德。他試圖以象徵、渴望，以遮掩它們的意義。來幫助即具有精神矛盾和渴望的人們的夢境。他在奧地利透過分析人們的夢中認識的人和事聯結起問題的患者，著者建立了這套以上分析的精神也納建立了這套理論的一部分。

分析學理論的一部分。

精神整理

如今大多數科學家都同意夢境是大腦整理活動的一部分。當你睡覺時，你的大腦會篩選一天的一部分。當中發生的事件並將它們儲存在長期記憶中。在這個過程中，大腦游發其他的記憶，而這些記憶會編織在一起形成夢境。

夢遊

有些人可能患上睡眠障礙。他們會在睡覺時起床、穿衣服、洗漱，甚至使用吸塵器。但之後他們卻記不起他們曾嘗試做過甚麼。夢遊並非一種做夢的形式，因為它們在睡眠中的不同階段發生。

預言性的夢

有些人相信夢境會預測未來。事實上，大多數夢覺只是簡單地反映了我們所關注的事情。有時會與現實事件相符。如果你對老師的不真實感到焦慮，你就很可能會夢到這種情況。所以，如果你的老師在第二天確實責實了你的夢境就成真了！

我們一生中一些最奇怪的經歷會在夢中發生。我們都做過夢，因此我們知道夢可以多麼的不合邏輯——即

使我們不記得做過甚麼夢。然而，夢也可以與我們在日常生活中認識的人和事聯結起和奇怪。科學家仍然試圖了解夢的含義以及我們做夢的原因。

情緒

我們把像歡樂和恐懼這些強烈的感覺稱為情緒。它們似乎從大腦內部深處湧現。這是因為大多數基本的情緒與我們原初的生存本能相關。較複雜的情緒則可能在進化史上較後期出現。我們控制情緒和利用它來產生積極意義的能力，有時被稱為情緒智商。

情緒與心情

感覺是強烈的精神和身體的經驗。以上這位男士非常享受這部電影，以至從中獲得了一陣快感，他認為電影很好看，難以停止大笑。然而，這種強烈的情緒無法維持很長時間。較為平靜但更為長久的快樂會取而代之。

大部分女性都比男性更容易激動，一部分原因是人們經常預期男性會隱藏他們的情緒。

普世的情緒

在大腦深處引發並且超越了你的意識控制的主要情緒有六種。無論你是誰都會通過面部表情作出相同的自然反應。以上六個人顯示了這六種情緒——前排的恐懼、生氣和驚訝；後排的愉快、痛苦和厭惡。

情緒智商

我們控制和利用情緒的能力通常被視為一種智能。下圖的男士正利用他的情緒智商辨認出他的朋友不開心並安慰對她。這也是一項能提升自身情緒覺知的社會技能。

控制情緒

隨着我們的成長，大腦負責意識控制的部分也會成長，隨之我們學會如何控制情緒。下圖右方的男士因為他的鄰座在吃爆谷而感到惱怒，但是他正在制止自己變得生氣。

眼淚似乎能夠沖走一些讓你不高興的化學物質。這也許就是你在「嚎啕大哭」後會感覺好一些的原因。

複雜的情緒

除了六種基本情緒外，我們還能體會到30種以上的複雜情緒。例如罪惡、惱怒、警覺、自豪、羨慕以及愛。其中許多感覺與人類社會的錯綜複雜密不可分。它們很少自動出現，而是涉及更多的思考，雖然愛這種情緒看起來仍然很難控制。

哭泣

以我們所知，只有人類會哭泣。處於痛苦中的哭泣會產生眼淚和特別的面部表情。眼淚也會因為不同的情緒而產生，例如高興，這尤以成年人為甚。這也許說明了痛苦和高興的神經線是相聯繫的。

聖雄 甘地

我們並不經常將政治與天才聯繫在一起。然而，有些政治人物卻擁有通過新角度觀察問題、並且運用這些洞見來改變歷史的天賦。其中最偉大的人物要算印度獨立運動領袖聖雄甘地（Mahatma Gandhi）。他透過非暴力的大眾公民抗命，即一種在世界各地激發起爭取公民權利和自由的運動的理念，帶領羣眾反抗當權者。

甘地 19 歲的時候遠赴英國的倫敦大學學院學習法律知識。

猛然醒悟

莫罕達斯·卡拉姆昌德·甘地在 1869 年於印度的古加拉特邦出生，學習的是法律專業。1893 年，他在南非找到了一份為期 12 個月的合約工作。後來他遭遇了種族歧視，因為拒絕讓出坐在頭等座位而被趕下火車。隨後，甘地成為了一名政治鼓動者，並留在南非幫助當地的印度居民爭取公民投票權。

甘地發現在南非的法庭上存在種族歧視，他在那裏不被允許戴頭巾。

非暴力抗議

1906 年，南非政府試圖強迫印度居民進行戶口登記。甘地隨之召集當地的印度人民用非暴力的方式抗議這一項法規。在那七年的鬥爭中，有數以千計的人被捕、被毒打甚至被槍殺，然而甘地仍然堅定不移繼續鬥爭。最終，對和平示威者的殘忍待遇迫使南非政府與甘地進行談判。這是非暴力抗議的第一場勝利。

甘地在南非逗留期間當過律師或代理人。這是甘地於 1903 年和他的同事的合照。

偉大的靈魂

甘地於 1915 年返回當時英國管治下的印度，並投身於獨立鬥爭中。他為那些被迫繳納不公平稅項的窮苦村民發起抗爭行動，使人們都稱他為「聖雄」或者「偉大的靈魂」。即使在 1919 年發生了由英國的士兵向手無寸鐵的平民開槍，殺死了 379 名百姓的阿姆利澤慘案，但甘地依然提倡非暴力抗爭。

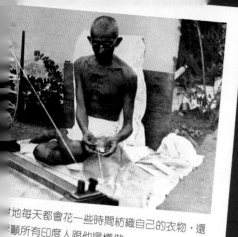

紡織策士

在 1920 年代，甘地繼續為獨立運動
抗爭。同時還抨擊貧窮和種姓制度
（一種印度教的階級系統）。他鼓吹要
持樸素的生活方式，不再穿著與西方
財富掛鈎的服飾而故守底層人民的服
裝。他呼籲所有印度人都要穿樸素的
棉織品給而取代來自英國的進口布四。

甘地每天都會花一些時間紡織自己的衣物，還
籲所有印度人跟他這樣做。

甘地在印度進行「鹽路長征」期間，吸引了數
以千計的跟隨者。

1930 年，甘地為了反對
英國施行的食鹽抵抗進行了
前往海岸、長達400 公里的
「鹽路長征」，提倡自行
生產食鹽。

強大的遺產

每一次現代的非暴力抗議都可以追溯到甘地身上。甘地
對那些民權運動家例如馬丁・路德・金（Martin Luther
King, Jr.）、納爾遜・曼德拉（Nelson Mandela）具有深遠
的影響。美國前總統巴拉克・奧巴馬（Barack Obama）
說：「在我的生命中，我總是能在聖雄甘地身上得到靈感。
這是因為他體現了當普通人聚集在一起便能做出不平凡
事跡的那種改造式轉變。」

持守目標的殉道者

20 世紀 40 年代早期，甘地要求英
國政府「退出印度」。在爭取獨立
期間，有上千人被警察槍傷甚至槍
殺，更有數千人被捕，其中也包括
了甘地本人。1947 年，印度成功
爭取獨立，然而印度卻分成了印度
教派和穆斯林巴基斯坦教派。甘地
最終因為反對這種形勢而在 1948
年被印度教激進分子暗殺。當時有
近百萬人出席了甘地的葬禮。

恐懼

當面對危險情況時，有必要感受到某程度的恐懼。例如，要是你不懼怕繁忙的交通情況，就很可能會被被轎車或客貨車撞倒。恐懼引起的生理反應可以給予你超乎常人的能力，以至你能逃過或甚至翻過柵欄躲避兇惡的狗隻。然而，很多在現代生活中能嚇怕我們的情況，並不需要這種生理反應，而這種恐懼卻會帶來恐懼與壓力相關的疾病。

恐懼的神經線

當你感到害怕的時候，處理感覺信息的丘腦會把神經信號傳遞到大腦中稱為杏仁核的區域。這可以刺激你的腎上腺產生生化學物質從而為身體的行動作準備。同時，丘腦傳遞另一種信號到大腦的前額葉皮質區，這樣你就可以對威脅作出分析。

丘腦 將信號傳送到杏仁核

前額葉皮質區

杏仁核 引起恐懼反應

精力充沛

當恐懼反應被激活時，你的腎上腺的化學物質進入血液中，這些化學物質會結合神經信號從而加速呼吸頻率，增強你的意識。這樣，加對肌肉的血液供應，並短暫地變得精力充沛，並擁有求存所需的力量。

戰鬥或逃避

恐懼與憤怒有關，而它們之間會引起「戰鬥或逃避」的反應。這種反應可能會賦予你和鱷魚搏鬥的力量。但是如果你認為機會不高也能讓你選擇躲避，這種反應也可能促使你你拯救某個身處一幢著火建築物中的人。

緊張

在現代生活中有許多會令我們恐懼的事情無法輕易地解決。我們的英雄會被敵人俘虜後，更加擔心也不能逃離他的上司。他甚至不能反抗也不能做。因此他會變得更加困擾。這種壓力會導致嚴重的疾病。

放鬆

許多人利用用放鬆的技巧來來減低恐懼帶來的壓力，包括深呼吸練習、冥想和做瑜伽。這些活動可以引起放鬆反應，從而解除由恐懼緊張產生下來。

發泄

當你變得緊張的時候，處理問題的其中一種方式是透過做運動來發泄情緒。這可以用盡身體產生以幫助你用放鬆的化學物質，並且讓你感覺好一些。運動也可以促使大腦的其他部分產生化學物質，可以改善心理狀態並對抗由緊張產生的影響。

解讀情緒

你可能從來沒有意識到你表達情緒的方式。那不僅僅是你說了甚麼，還包括了你說話的方式、你的眼神、你的手勢以及肢體動作。大多數表達方式都超出了自我意識的控制。但是我們都嘗試隱藏一些情緒並假裝出其他情緒。有時候可以做得到，但是一般情況下卻很難，因為你的表情或肢體語言並非與所說的內容配合。

我們傾向相信對那些不隱瞞情緒的人。

六種基本的面部表情在全世界的人類文明中都是相同的。

面部表情

愉快、驚訝、恐懼、憤怒、痛苦和厭惡這六種基本面部表情很容易解讀。其中有些甚至有傳染性：當你看到一個面帶微笑的人時，你也經常會開始微笑。我們中大部分人可以認識到一些更微妙的表情，例如懷疑、內疚或者自豪。你對一個人越了解，就越容易解讀他的情緒。

眼神接觸

我們傾向通過注視着一個人的眼睛來解讀他的情緒。事實上，並非是眼睛表達情緒，而是眼部周圍的肌肉改變了眼睛形狀。我們無法控制這種改變，這也是眼睛被高度視為情緒關鍵的原因。如果某人的眼神躲躲閃閃，我們會認為他在試圖隱藏情緒並欺騙我們，即使我們經常會弄錯。

一個發自內心的
笑容與假笑看起來
截然不同，因為假笑
由大腦不同的
區域控制。

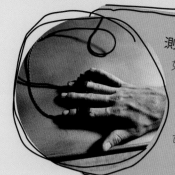

測謊

如果你在說謊，你的情緒傾向引發某些反應。你會心跳加速、呼吸加快，還會出汗。電子「測謊儀」可以用來監測這些反應。但是一個善於說謊的人可以維持平靜甚至瞞騙機器。

肢體語言

我們的身體姿勢會透露很多我們的感覺。有些是很明顯的，例如高興得跳起來或者挫敗時跌倒。很多則難以解釋和捕捉，但是我們經常能夠解讀那些肢體語言，特別是當某些人的表情與肢體語言不配合的時候。上圖中自信的肢體語言但配上悲傷的表情，傳達了一個奇怪而混亂的信息。

偽裝

我們有時都會嘗試隱藏自己的情緒。在探望親戚的時候，我們嘗試不去表達沉悶的樣子，或者當悲傷的時候表現高興。有些人在公眾場合總是表現出笑容滿面。但是如果你比對一個發自內心的笑容和假裝出來的笑容，你會發現具有明顯的區別——如果是真正的笑容，那麼眼睛也會笑。

表演

演員的演技一般通過他們表達非真實情感的能力來判斷。這種表達難度很大，因此一種被稱為「融入法」的表演技巧，要求演員沉浸到所飾演角色的思想與情緒當中。有時那些演員入戲過深甚至會難以從角色中抽離。

肢體語言

不僅是語言可以表達你的意思,面部表情和肢體動作同樣可以傳達你的意願。事實上,你的肢體語言經常比你想的揭露更多你的意願,因為你不會意識到你在做甚麼。試着做以下的練習,然後在第 189 頁找答案,看看你在解讀表情方面的能力如何。

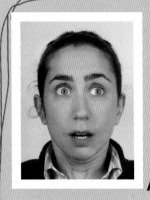
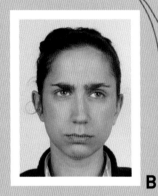

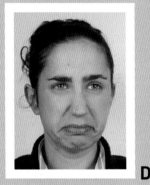

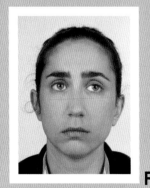

弄懂表情

面部表情經常比言語更具有說服力。觀察以上的幾張面孔,然後看看你能否將它們配上六種不同的情緒:生氣、厭惡、高興、悲傷、驚訝和輕蔑。

假笑

一個真正的笑容會在整個面部蔓延開來,而一個假裝的笑容卻總是時機不合、扭曲並且眼部缺乏表情。觀察這六張面孔,看看你能否將虛假的笑容與真心的笑容區分開來。

心理學家相信人類大約有 7,000 種不同的面部表情。

某些種類的肢體語言會因為文化的差異而有不同的意義。在大多數國家點頭意味着「是」，但在希臘和保加利亞卻意味着「否」。

肢體語言

有些專家相信肢體語言在溝通中佔有 80% 的分量。或許你並沒有意識到這一點，但是你一定能感覺到別人是否喜歡你，即使他們並沒有說出來。觀察這些圖片，看看你能否解讀出他們的肢體語言，並且將姿勢與以下的信息相配：支配、挑釁、模仿、順從、防禦和不誠實的。

A

B

E

C

D

F

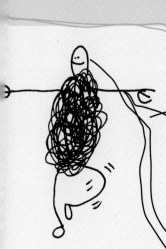

當某些人試圖控制面部表情的時候，稱為微表情的真實情感，會在他用想表現出來的其他表情替換前的一瞬間在臉上出現。

好習慣與壞習慣

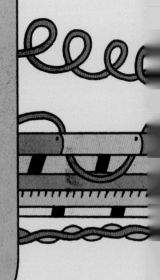

我們都有許多協助我們過生活的習慣。當洗手的時候，你會停下來思考如何將手弄濕、使用香皂，然後再將它們沖洗乾淨嗎？或許不會。因為習慣，你會自動地去做這件事情。與咬指甲那樣的壞習慣不同，好習慣是十分有用的。所有的習慣都是因為重複的行為而形成的。這些行為會在大腦中形成了固定的程式，使你表現得像一個機械人。習慣一旦形成，就很難改變。

成癮

最具毀滅性的習慣稱為成癮。在新聞中出現的成癮一般涉及非法藥物、酒精和煙草，但是人們也會對某些事物如甜食和巧克力成癮。如果他們不斷地進吃那些食物就會生病。儘管如此，他們卻無法停下來——他們戒不掉這種壞習慣。

程式行為

習慣的養成是由於重複的行為在大腦中形成了神經網絡。那些網絡的運作就像家用電器（如洗衣機）中的一個簡單程式——一旦啟動開關，程式就會自動運作。因此當你開始刷牙後，習慣的程式就會主導並完成工作。

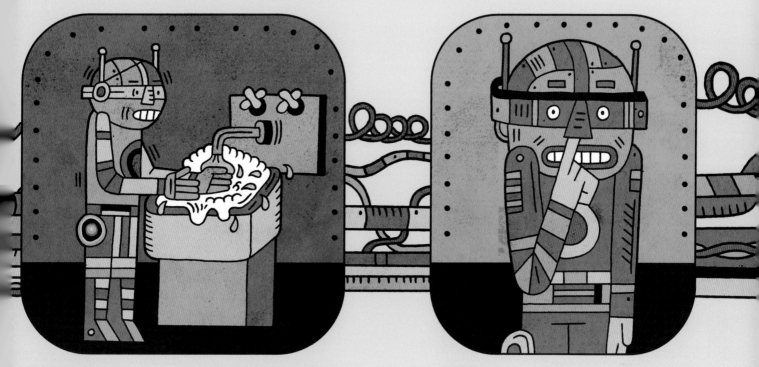

有用的例行程序

你每天做的事情並沒有經過很多的思考，因為它們已經成為了日常生活中的例行程序了。如果像洗臉這樣的事情成為了一個習慣，那就可以確保即使你在想其他的事情，也能完成這個行為。因此，當習慣可以使生活變得簡單的時候是有用的，而且當你忘記做某些事的時候，習慣也會驅使你去做應該做的事情。

壞習慣

不幸的是，壞習慣很容易就會養成。很多人有咬指甲或者挖鼻孔的習慣。他們一般沒有意識到他們在做那些事，因為他們在想另一些事情。有時，這些習慣雖然會引起他人的不快，但是影響並不大。然而有些壞習慣的危害性卻很大。

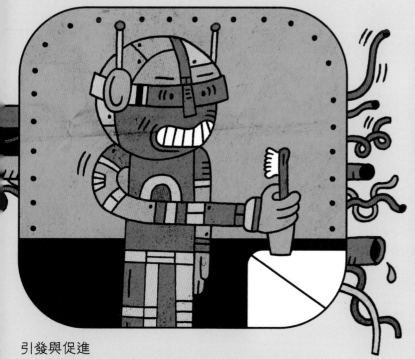

引發與促進

大多數習慣是由外部信號引起的。當一位司機看到了紅燈，習慣會使他（她）採取一系列行動把車子停下來。這就像本能一樣。你有時可以自創一些促進良好習慣的獨特方式。例如，將牙刷放在顯眼的地方也許會促使你去使用它。

戒掉壞習慣

壞習慣很難戒掉是因為在大腦中已經形成了神經網絡。即使你下定決心花了數個月克服壞習慣，但那些神經網絡卻仍然存在，並隨時準備在出現相關引發因素後重新起作用。時間也許有幫助，但是通常最好的辦法是用一個危害性較低的習慣來取代壞習慣。

勝利與失敗

大多數參與運動的人都試圖取得勝利，但是這就意味着有人必然要失敗。勝利者與失敗者之間的差別，一般是因為體質和能力不同，但如果身體技能相當，勝利者往往是那些懷有正確心態的競爭者。在我們的生活中或許也是一樣。

信心

研究已經證實，信心對於勝利來說至關重要。在一項實驗中，有 24 名參與者在進行臂力比賽前被安排測試臂力。研究人員謊稱那些相對較弱的選手臂力較強。結果在 12 組比賽中，有 10 組比賽是由較弱的選手取得了勝利！

制定目標

無論要完成甚麼事情，你都需要制定目標。但切勿一開始便制定要取得冠軍的長期目標，你反而需要制定一些每天都可以達到的短期個人目標。例如，如果你是一名自行車選手，那麼你的短期目標可以是每次比賽都比上一次快一些，而不理誰是冠軍。這樣做將可不斷提升你的自信心。

想像勝利

你可透過回想勝利的感覺以整理思緒。想像一下自己站在領獎台接受冠軍獎牌的樣子——是不是感覺非常好？這種感覺可以幫助你取得勝利。同樣，在比賽開始前，預想一下自己接下來流暢的動作，之後你更有可能完美地完成任務。

近80%對於運動的研究表明，訂立個人目標是提高表現的最好方法之一。

集中精神

當失分的時候發脾氣並不會幫助你贏得下一分。事實上，發脾氣會分散你的注意力。你必須控制情緒並將精神集中在未來的事。當事情變得糟糕時，利用心理程序重新集中精神。試着想像一下你的榜樣的圖像，並自問他（她）會怎樣做。你的偶像會發脾氣嗎？

心理戰

有些比賽選手會通過令對手分心來取得勝利。他們可能會吹噓說將會打敗你，或者通過繫鞋帶來分散你的注意力。不要落入圈套。如果有人試圖讓你覺得自己弱小，你只需要集中在自己的勝利上面；如果他試圖分散你的注意力，就不要理會他。

為生活奮鬥

並非每個人都享受體育比賽，但是我們都會面對生活上的各種挑戰、迎接成功或者失敗的結果。很多挑戰甚至涉及直接競爭。因為我們無論做甚麼都希望取得成功，故能在體育比賽中應用的心理戰術也同樣對達成個人目標或鼓舞他人方面起作用。

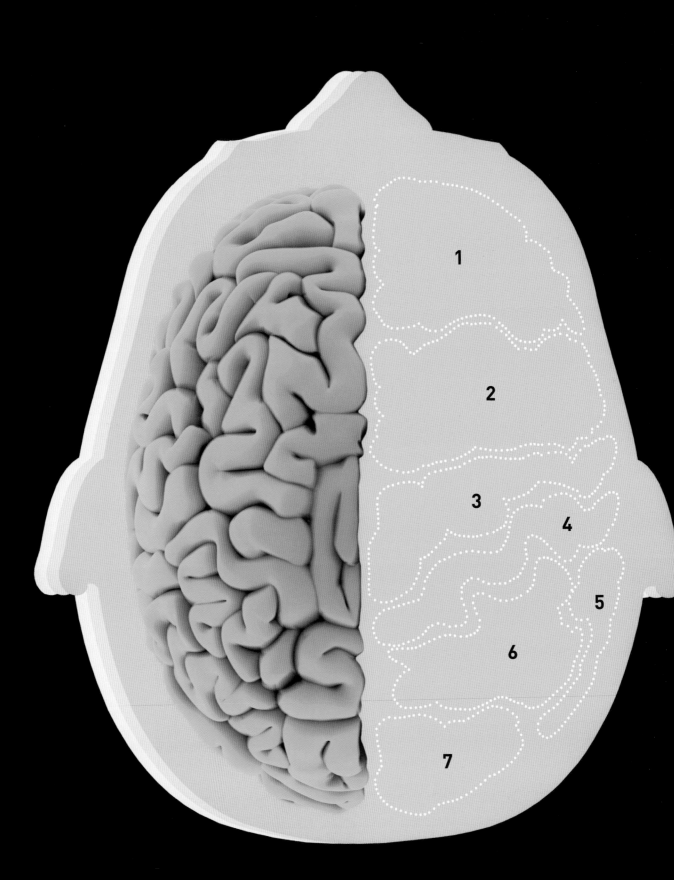

進化的大腦

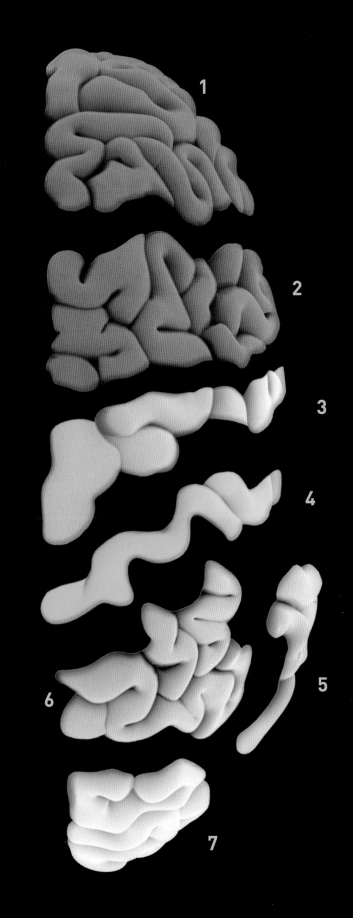

1

2

3

4

5

6

7

我們的大腦
是如何形成的

最原始的動物並沒有大腦。水母就只有由神經纖維組成的神經網絡滿佈全身，而沒有能夠直接指揮行動的中樞控制系統。但是大多數動物都有某種類型的大腦，具有處理感覺信號和對周圍環境作出反應的功能。而負責處理的這部分區域在人類大腦中得到了極大的發展。特別是前額葉皮質區得到擴充，賦予我們抽象思維的能力。

感覺觸角
收集必須透過某種類型大腦（即使是原始動物）處理的信息。

這隻貓頭鷹的大腦大部分都用來解讀從眼睛和耳朵傳來的信號，這使牠成了極有效率的捕獵者。

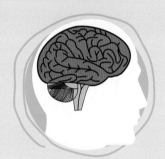
人類

猴子

頭部與尾巴

像水母那樣簡單的生物沒有大腦，因為牠們沒有頭部或尾巴。大腦的進化是以身體「前端」結構開始發展的，因為一旦動物開始利用牠身體僅有的一端去感知世界，牠的感覺器官就會在那一端聚集成羣。感覺器官需要神經中樞來處理信號並指示給身體其他部分。因此即使一隻蝸牛也有大腦。

超級感官

對於大部分動物來說，大腦最主要的任務是處理感覺的數據。這種功能有時候發展得遠比人類還要完善。犬類比人類擁有更強的辨別氣味的能力，而有些貓頭鷹可以僅靠聲音而在完全漆黑的環境中找出老鼠。那些動物的大腦在處理信號方面的能力很強，但是與我們相比，用途卻不一樣。

智力中樞

被認為是大腦主要的智力處理中樞部分——前額葉皮質區處出大腦前方突出的部分，即額頭後方。這個區域利用由感覺接收到的信息，形成對事物的判斷、作出選擇和預測未來事件。在人類的進化過程中，大腦變得越來越大，令人類的前額相比於我們像猴子的祖先向前突出。然而，對大型猴子狒狒的大腦研究發現，人類大腦前額葉皮質區與狒狒大腦其他的部分相比並沒有大很多。因此大腦很可能在尺寸變化的同時結構也發生了變化。

本能與思考

對於一條鯊魚來說，水中的血腥味只意味着一件事——那就是食物！而對於人類來說則可以意味着數件事：「我割傷了自己嗎？還是其他人的血？最近的醫生在哪裏？鯊魚會聞到血腥味嗎？救命！」當中的差異在於鯊魚不會對血液有多餘的考慮而只憑本能行動。相反，人類會思考每一件事情，有時會因為想得太多而壓制了對生存至關重要的本能。

大白鯊這種恐怖生物的大部分行為是由於本能而非有意識的思考驅動。

人類的創造力在
40,000年前出現了一次
巨大的進步，也許是
因為語言能力的提升。

第一代人類

我們是在何時及為何變得那麼有智慧？人類的大腦或許在人類社會語言發展的驅使下不斷進化。說話和計劃的能力變得越來越有用，令聰明的人類越來越成功並繁衍更多後代。這個過程似乎令第一代人類，即能人得以崛起。能人是在 2 億 3,000 萬年前從原始類似猿的祖先進化而來。

這些畫有跳舞和打獵的原始人形象的壁畫，遠在撒哈拉北部變成沙漠之前就已經存在。

能人
之所以被稱為能人或「巧手人」，是因為他們是第一代使用石器工具的人類。

聰明的祖先

大約在 16 萬年前，我們的祖先智人在非洲進化出來。到了 6 萬年前，人類已經遍佈在地球上的大部分地區了。與現代人類相比，遠古人類雖然過着原始的生活，但是他們更需要智慧來生存。在研究他們的顱骨後發現，他們的大腦與現代人的大腦相差無幾，而如果他們擁有如電腦那樣複雜的裝置，也許他們也會使用。遠古人類在他們居住過的地方透過壁畫留下了他們智慧的證據。

查爾斯·達爾文

在達爾文只有 23 歲的時候，他的一次航海經歷改變了他的一生，並且啟發他想出進化論。

英國博物學家查爾斯·達爾文（Charles Darwin）使我們觀察世界的方法發生了革命性的變化。他的自然選擇進化論指出，物種會因為要爭奪稀缺的資源而在「適者生存」的原則下不斷進化。這個理論可說是靈光一閃，並在 1859 年發表時得到了大量證據的證實——這是靈感和努力的結果。

分心的學生

達爾文於 1809 年在英格蘭出生，之後他進入劍橋大學修讀宗教，但是他卻對自然科學更感興趣。他與一名植物學教授約翰·史蒂文斯·亨斯洛（John Stevens Henslow）和現代地質學奠基人之一亞當·賽期維克（Adam Sedgwick）成為了好朋友。1831 年，在亨斯洛的建議下，達爾文與賽期維克乘搭小獵犬號測量船，進行地質學的考察，他作為「船上的博物學家」，對南美洲的海岸線進行了探索旅程。

當達爾文偉大的進化論發表後，他的朋友赫胥黎（T.H. Huxley）嘆息說：「我沒有想到這個理論是多麼的愚蠢啊！」

小獵犬號是一艘擠迫的小船，差不多要整艘重建，以在最狂暴的海洋上航行。

小獵犬號航程

這次航程持續大約五年，在其他海員測量沿海水域的時候，達爾文卻把絕大部分時間花在陸地上。他在探索南美洲的時候發現了巨型絕種生物的化石。達爾文探索加戈帕拉斯島後發現鄰島的生物相似，只有少許差別。他懷疑那些生物是否因時間發生了變化或者是由進化而來。

那些夏威夷蜜旋木雀都是通過自然選擇從同一種祖先進化而來的。

自然選擇

1836 年，就在達爾文回國後一年內，他開始思考動物的進化過程。他認識到如果難以尋覓到食物，那麼缺少獵食技能的動物將會餓死，而那些擁有獵食技能的生物則會繼續繁衍。因為所有動物與牠們的父母也有微小的差別，因此有些在出生時就具有在某種環境下的生存優勢。這導致了新物種的進化。達爾文把這種過程稱為自然選擇。

《物種起源》這本書的
初版在第一天上市
就售罄了。

出版

達爾文認識到他的理論否定了《聖經》字面上的真理，即上帝創造了地球上的一切生物。因此達爾文直到收集了大量的證據支持後，才敢發表他的理論。這個過程花費了他 20 多年。但是在 1858年，他收到了另外一名博物學家阿爾弗雷德·魯塞爾·華萊士（Alfred Russel Wallace）的信。信中描繪了與他相同理論的大綱，迫使他為正在撰寫的一本書準備了一個簡短的版本。這個版本在1859 年出版，全稱為《論處在生存競爭中的物種之起源》（簡稱《物種起源》）。

對於人類起源的爭論引起了許多嘲笑達爾文的漫畫。

猿猴與天使

如達爾文所恐懼，《物種起源》否定了《聖經》的真理而掀起了一場爭論。這本書也指出了（雖沒有明確地說）人類是由猿猴進化而成。有些人無法接受這種想法，並提出疑問：「我們的祖先到底是猿猴還是天使？」然而，達爾文的證據非常充分，他的論點在邏輯的根據上不會出錯。

遺產

如今大多數科學家都承認，達爾文的理論解釋了進化背後的機制。進化論也打破了生物世界恆不變的觀念，並指出它是如何的脆弱。進化論使我們更關注我們對生命之網造成的影響，令這個星球變得如此特別。而對於達爾文來說，他對自然世界的研究從未停止。他隨後寫成更多關於進化論的書，最後的一本在他去世前不久出版。達爾文於 1882 年逝世，享年 73 歲。

大腦是如何發育的

大腦大部分的發育過程在嬰兒出生前就已經開始了，因此剛出生的嬰兒大腦中幾乎已經具備了之後需要的所有神經細胞。在兒童期，那些神經細胞重新排列成更為複雜的神經網絡，讓我們能夠學習和記憶。大腦的重量在成人初期達到巔峰，然後開始逐漸萎縮。

 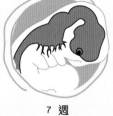 

3 週　　　　7 週　　　　11 週

發育開始

嬰兒在子宮內發育的早期，管狀細胞的末端發育成大腦，並最終發育成脊椎。首先，它看起來像一條魚的腦子，其中所有「原始」的部分都已經形成。但是大約在 11 週時，大腦開始擴大，直到出生時，它看起來就像一個小型的成年人大腦。

形成連接

在出生後的幾個月，大腦的發育十分迅速。一開始，它只有一個簡單的細胞結構，僅能控制基本的生存功能。但是每一種對感官的新刺激都會引起神經細胞重建而形成神經網絡，儲存信息並使我們有思考能力。就像下圖的樑柱，它們被排列成一個新的、更為複雜的結構。

裁減

大腦一旦啟動並開始運作，就開始精簡神經細胞。腦中不活躍的細胞會逐漸死亡——這個過程從大約在 4 歲開始並持續一生。然而，這並不會影響大腦的效率，因為不活躍的細胞沒有任何功能而只會消耗能量。因此它們會被丟棄，就像這些多餘的樑柱被丟進廢料箱一樣。

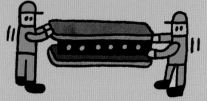

在嬰兒沒還有出生的那段時間中，大腦的發育速度達每分鐘25萬個神經細胞。

越老越聰明？

當年齡增加，你會對這個世界有更多的了解，並作出更妥善的決定。但是一旦超過了 25 歲，你會經常覺得難以學習那些與你已知的知道有關係的新技能。這或許反映了一個事實：很多人的大腦所以逐漸萎縮，主要是由腦細胞的缺失所引起。但是這種腦力的減弱卻並非完全不可避免。

使用它還是丟失它

有大量的證據顯示，智力挑戰可以幫助減慢老年人腦力下降的速度。像音樂家、科學家和政治家那些在退休後仍能出色地做事的人，直到生命的最後幾個月，也沒有顯示太多腦力減退的信號。解決問題看似艱難的工作，但很可能會使你的大腦保持健康。

納爾遜・曼德拉（Nelson Mandela）

結構失效

有些不幸的人在晚年或者年輕時遭受到腦部損傷。其中一些人患上中風，使大腦部分血液供應被切斷，以致令某些腦部組織死亡。另一些人則可能會患上腦退化症，使腦細胞像右圖一樣變得糾結並且停止運作，令患者不能再正常地思考。

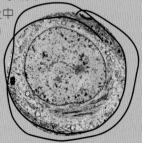

損傷的腦細胞

腦部手術

在約公元前7,000年的歐洲遺址中，找到了帶有腦部手術痕跡的顱骨。

大腦是人體內最精密的器官，同時它也人類最不了解的器官。大腦會因為創傷或者疾病而被損壞，而外科醫生在嘗試修復腦部損傷時，必須避免干擾任何健康的腦部組織，因為手術的影響不可預測或可能具有損傷性。所以腦部手術是所有治療技術中要求最高的一種。

健康風險

大腦很容易會因為多種原因而受到損傷。常見的原因有物理創傷——頭部撞擊。其他原因包括腦部供血不足（中風）、動脈大量出血和腦部腫瘤或增生。腦部手術也經常用來治療如癲癇症或柏金遜症等失調問題。

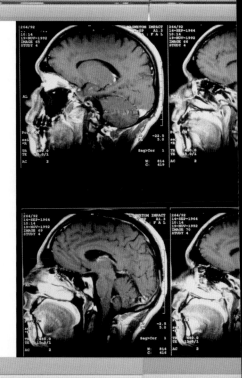

診斷

通過腦部掃描（如右圖）可以很簡便地診斷出腦部問題。它們不僅可以確定出問題的部位，還可以顯示出周圍的動脈和其他十分重要的結構，而外科醫生就能夠在手術前作好準備。

曾經需要花上12個小時的腦部手術，如今只需一兩個小時就可以完成，而且療效更好。

外科手術的精密度

得益於三維電腦輔助引導系統，腦部外科醫生可以在不損傷周圍組織的情況下直達損傷部位。他們可以借助遙遠控制的顯微鏡（見下圖）以及光纖照明，從而精確地進行手術。

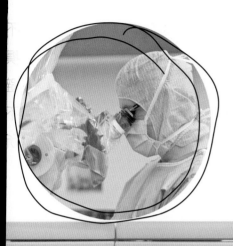

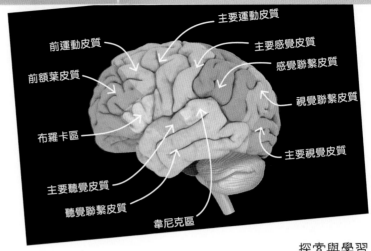

前運動皮質
前額葉皮質
布羅卡區
主要聽覺皮質
聽覺聯繫皮質
韋尼克區
主要運動皮質
主要感覺皮質
感覺聯繫皮質
視覺聯繫皮質
主要視覺皮質

探索與學習

當外科醫生對病人的腦部進行手術的時候，腦部受損的區域得到了精確的定位並記錄。所以，我們現在了解腦部各區域的功能，而這也使腦部手術變得更為精準和有效。

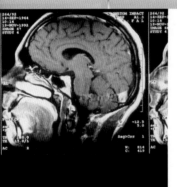

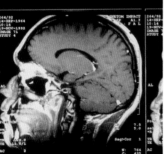

放射治療

有些腦部疾病可以不用做腦部手術來治療。例如，放射治療利用放射線來消滅引致腦部腫瘤的癌細胞。放射線就像圖中顯示那樣，透過電腦模擬影像精確地對準目標。這種治療不會產生痛楚，但是需要進行多次治療。

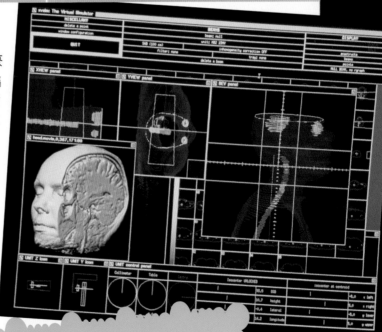

希波克拉底（Hippocrates）

古希臘醫生希波克拉底（公元前 460—前 370 年）撰寫了許多腦部手術的文章。他描述了如癲癇發作和痙攣等，並辨認出頭部損傷的徵狀，還曾替某類顱骨骨折病人進行手術。

動物的智力

如果你養了一隻小狗，你可能會認為牠十分聰明。有時候，你會因為牠的行為而驚訝。不過這是因為我們並沒有期望過動物有思考的能力。我們預期動物是使用在出生時已在腦中具備的本能，而不是使用記憶中的信息來處理問題。但是有些動物確實有這種能力。

詭計與食物

許多有關動物智力的故事都涉及使用各種辦法去覓食。例如，有些人在餵養院子中的鳥時會發現食物經常被松鼠偷吃。松鼠展示了驚人的創意，突破了專門「防止松鼠」的餵鳥器的障礙而取得食物。飢餓確實是一種強大的驅動力。

工具製造者

有些動物可以製作並使用工具——一度被認為只有人類才擁有的能力。例如大猩猩會仔細地選擇稻草和樹枝來抓巢穴中的白蟻吃。如果樹枝太粗而不能伸進巢穴，大猩猩便會小心地剝去樹枝的表皮，直到它的粗幼符合巢穴的大小。

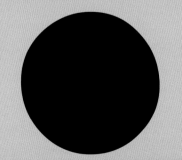

烏鴉是一種非常聰明的鳥。在一隻放有少量食物的玻璃管面前，烏鴉會將一條金屬線並把它弄成鉤狀，然後用它把食物從玻璃管中鈎出來。

一些如白蟻的昆蟲
只憑本能就能築成
畢常複雜的巢穴。

最聰明的動物是如猿猴、
海豚、狗和烏鴉那些脊椎動物，
但是八爪魚和其近親的智力
也有高度的發展。

記憶

有很多動物也擁有優秀的記憶
力。一些鳥類可以記起幾個月前
里在地下準備過冬的食物。在非
州，鱷魚能準確地記起羚羊一年
兩次遷徙時橫跨河流的時間，然
後集合在那裏作出伏擊。

溝通

動物也有溝通能力。海豚可以學習
一種模仿口語的手勢語言，並且根
據手勢的指導做出牠們從未做過的
動作。一隻名叫做瑞奇的牧羊犬可
以了解 200 種玩具的名字。它學習
詞語的速度與一名剛學會走路的小
孩子一樣快。

比我們還聰明？

在某些方面來說，動物比我們還要聰
明。例如天鵝這種候鳥可以在星星
與太陽的指引下進行準確的超遠距
離遷徙。在發生地震和海嘯時，動物
總是可以感受到即將發生的災難並
採取行動，例如會移向高處，避免溺
水。

意識

很難說到底動物是否擁有「自我」的概念。
有些動物很可能確實具有身份這種想法，
因為這可以解釋人類的意識起源。因此，
如果你認為你養的狗有自己的思想，你可
能是對的。

訓練你的寵物

並非只有狗隻可以學習新的把戲，許多寵物也能學會做一些行為。甚至你的金魚在經過訓練後也會讓你的朋友感到驚訝。這裏有一些有趣的活動可以用來訓練各種寵物，但是在開始前必須徵詢成年人的意見。

倉鼠站立！
倉鼠可以為人帶來很多樂趣，但是牠們卻很容易感到無聊。這裏有一個可以與倉鼠玩耍很久的好方法，讓牠們保持活力，並教牠們一個夠酷的把戲。

第一步
在手裏放一點食物並給你的倉鼠看，然後把食物放在牠的頭部上方。

第二步
說「起立」，直到你的倉鼠用兩條腿站立起來並拿到食物。一旦牠做到了就給牠大量的獎勵。如果你經常重複這種訓練，你的倉鼠會將「起立」這句話與獎勵聯繫在一起，一旦接到命令就會起立。

◉ 你也可以用其他的命令來做這個訓練。試着在把食物放在倉鼠面前時說「手手」，小倉鼠便會伸出雙手去取食物！

約一到兩個月大的幼倉鼠最容易訓練。

老年犬的新把戲
如果你有一隻寵物犬，牠可能已經學會如何坐下、靜止、躺下和乞求食物。所以這裏有兩個新的把戲可以增加牠的技能。

把戲 1
下一次你的狗打哈欠的時候，你就問牠「你要睡覺了麼？」每次牠打哈欠你都問牠這個問題，然後給牠獎勵。最終，無論何時你問牠是否要睡覺了，牠都會打哈欠。

把戲 2
你還可以訓練你的狗圍着你轉圈走或跑。一開始給牠展示食物並且把食物圍着你的身體移動，這樣小狗也會圍着你轉圈。之後將食物給牠作為獎勵並稱讚牠。

◉ 雖然可以訓練老年的狗學會新把戲，但是牠們可能不會像年幼時學得那樣快。

帶你的天竺鼠去散步
天竺鼠也許沒有狗那麼聰明，但是牠們的智力也足以被訓練用項圈領着散步。這正好給你的寵物運動的機會，並可以在你的朋友面前炫耀一番。

第一步
先為你的天竺鼠挑選一個小項圈。一開始讓牠坐在你的膝蓋上並準備牠喜愛的食物，全心貫注在牠身上。當牠開始進食的時候，把小項圈套在牠的脖子上，讓你的寵物習慣戴着項圈一陣子。

與你的貓握手！

與人類一樣，貓也可能是左撇子或右撇子。牠們也非常獨立，故很難被訓練。但只需一點點耐心，這個把戲也是可以練成的，特別是在晚飯前進行訓練！

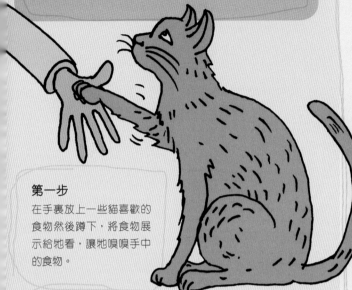

第一步

在手裏放上一些貓喜歡的食物然後蹲下，將食物展示給牠看，讓牠嗅嗅手中的食物。

第二步

這一次把沒有拿食物的手伸向貓，並把手放到牠眼睛水平之上。你的貓會本能地伸出爪子到你的手中搜索食物。之後稱讚牠並從另一隻手把食物獎勵給牠。重複這個訓練直到你一伸手牠就把爪子伸出來放在你手上。

◎ 有些貓會嫌這不夠難而厭惡地走開。但是不要放棄，繼續嘗試！

吃你手裏的食物

與一般人的想法相反，金魚其實十分聰明。牠們可以認出主人，並且如花一點耐性，甚至可訓練到用手餵食。

第一步

用水浸濕金魚魚糧，並把它放近水面。不要離得太近以免嚇跑金魚。

第二步

當你的金魚開始游向你時，將食物掉進去。然後保持在每天的同一時間進行這個訓練，你會注意到你的金魚會浮得越來越高。最終，牠會浮出水面，而你就可以直接用手把食物餵進牠的嘴裏。

◎ 這個訓練需要大量的練習和耐性，你必須每天都訓練，讓你的金魚形成習慣。

第二步

多做幾次這樣的訓練，然後在院子裏讓牠跟着你走一個小範圍——你可能需要坐下來讓牠圍着你走，容許牠適應新環境。假以時日，牠會變得放鬆，然後你就可以與你的天竺鼠一起散步了。

◎ 你的天竺鼠也許還對在外面散步有一點害怕，所以你最好不要帶牠離開家裏或者院子。

寵物鼠是非常乾淨的，牠們也極為可愛和聰明。不過，牠們的視力很差，會通過嗅覺來辨認主人。

機器會思考嗎？

我們當中大多數人會用電腦和計算機這些看起來比我們更能幹的機器。機械人甚至可以製造許多產品，例如汽車。但是這些機器會思考嗎？一般來說，它們不會思考。

思考的是人類，而機器只會根據人類在其內部設定的程式所發出的指令而作出行動。但是我們正找出讓電腦和機械人從錯誤中學習的辦法，這會讓一些機器可展示出一種智能。

不知疲倦的機械人

現今許多工廠都會利用機械人在生產線上工作。那些機械人由設定了各種任務程式的電腦所控制。它們工作迅速並且極少出錯；電腦從來不會忘記任何重要的事情。機械人也從來不知道疲倦。因此它們特別勝任那些複雜而重複的工作。但是它們只能做那些由程式指令的事情，因為它們並不知道如何去做其他事，它們也不會學習。

電腦的能力

如果你設計了一台會下國際象棋的電腦或者機械人，它在每走出一步前都會對試成百上千個選項作出運算。雖然這些過程只在幾秒內完成，但是與員有豐富經驗、只會考慮最佳走法的棋手相比，機械人的效率並不高。但是這不能歸咎於機械人，因為它是依照內部的程式來來行動。一個較好的程式可以讓它更有智慧地運作。

有用的人工智能

智能機器人除了下象棋和生產汽車以外，還可以做更多有用的事情。其中一個十分有用的用途是利用其卓越的記憶能力。我們知道的所有知識都可以編成程式，使它成為一個電子專家。這種技術已被運用在醫療方面，機器通過處理有關數據並作出診斷，然後得出正確的治療方案。

人工智能

當我們學習的時候，大腦中的神經細胞會重新組成新的神經網絡。工程師發現了可以讓電腦在回應好或壞的結果時，自動形成它們的知識程式「學習」，這意味著它們了解了新程式，並將它們了解的知識展示出來，這就是所謂的人工智能。

關於思維的思考

也許有一天，一台擁有人工智能的機器，可以找到使自己更有效率地思考的方法。這會導致更好的程式以及更具智慧的思考。最終世界上的機器或會比我們更聰明。

理解智能

要想讓機器能有智慧地行動是非常困難的，並且需要龐大的運算能力。但問題這一點就足以顯示我們的大腦多麼複雜。但問題的一部分是我們並沒有真正理解人類智能的運作原理，因此我們無法複製出自己不理解的東西。如果我們知道如何為電腦設定程式，就可以令簡單的電腦也有智慧地思考。

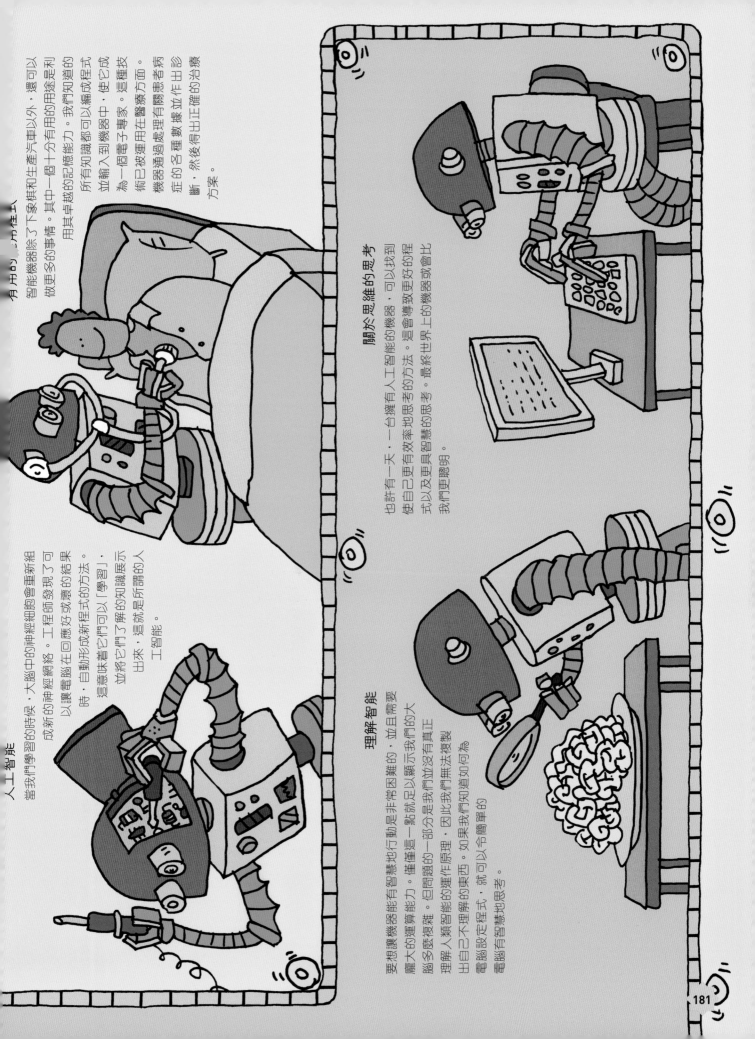

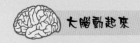

指揮你的 朋友

大腦即使完成一個最簡單的任務，也需要考慮到恆常來自感官的信息，然後不費吹灰之力地決定做甚麼。然而，一台機器只會跟隨指令行動。以下這些遊戲揭示了給予和解釋指令是多麼的困難。

令人迷惑的時間

七巧板是古代中國的謎題，可以用不同方法組合成許多形狀。你的挑戰是指導你的朋友用七巧板砌出那些形狀。

你需要：

- 紙板與剪刀
- 尺子
- 彩色鉛筆或者筆
- 一位朋友

第一步

以下圖的七巧板為指導，在紙板上畫一個正方形，再將它們按照圖形所示，分成不同的 7 份。然後上色並將它們剪出來。

第二步

你準備好幫助你的朋友做拼圖。但是，他（她）並不知道會拼成甚麼。在本頁上選擇一張圖畫。現在，給你的朋友作出一步步的指令讓他完成拼圖。例如說「拿起棕色的小正方形並且將它放在這個點上」。這是一個令人驚訝的把戲。

第三步

接下來輪到你在朋友的指示下完成拼圖了。作為一個接受指示的人感覺如何？你與朋友相比拼圖砌得如何？

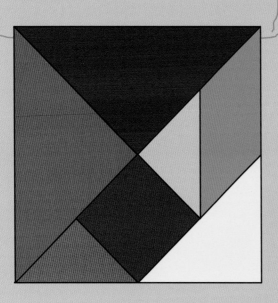

你的朋友擅長給予清晰的指令，從而達到共同的目的嗎？通過這個遊戲看一看吧！

你需要：
- 紙張
- 彩色鉛筆或者筆
- 至少四位朋友
- 計時器

第一步
畫出一幅畫，可以是一隻動物或者如小丑、女王這樣的人物。將這幅畫藏起來不讓任何人看見。

第二步
選擇一名參與者，並在其他人的指示下重繪這幅畫。他（她）不允許在繪畫的過程中說話。讓參與者在 10 分鐘內完成這幅畫。

第三步
然後讓一個人去看原畫。其他人可以向他提問，而那個人只能以「是」或「否」來回答。繪畫者需要聽清楚問題和答案，然後畫出他（她）心中認為的圖畫。

第四步
當時限一到，比較原畫與新畫，看一看新畫是否與原畫一致。如果並不一致，那麼找出哪個地方出錯，這樣下一次你會畫得更好。

遊戲時間！

兩個人一組，其中一個人需要蒙着眼睛。這個遊戲的目的是對身旁蒙着眼睛的同伴做出簡單的指示，讓同伴用球擊中其他組蒙着眼睛的人。

你需要：
- 幾個眼罩
- 小塑料球
- 至少六位朋友
- 計時器
- 一位成年人作為裁判

第一步
兩個人一組，並站着圍成一個圈。每組中必須有一個人戴上眼罩。遊戲時間為 10 分鐘。一位蒙眼者持球，然後開始遊戲。

第二步
蒙眼者在同伴的指示下將球扔向其他人。例如，可以說：「右移一步，扔球！」或者告訴他們甚麼時候蹲下以作出防禦。當球掉落在同伴的附近，他們必須給予明確的指示使同伴把球找回來，例如「彎腰然後伸出右手撿球」。

第三步
當時限一到，蒙眼者與同伴的身份交換，然後再次進行遊戲。遊戲結束後聽取裁判對你們的評語，看看你與朋友在聽取或者發出準確指示方面是不是很出色。

詞彙表

解剖學 anatomy
對所有生物的結構的研究。

聯想 association
指新的記憶與已經存儲於大腦的記憶連結的過程

原子 atom
物質的最小粒子。有些物質（如氧等）只包含一種原子，但其他物質（如水等）則包含多於一種原子。

專注 attention
透過聚焦於該時刻或手上的任務，把新事物存入記憶的第一個階段。

聽覺的 auditory
有關聽覺及聲音。

軸突 axon
由神經細胞或神經元延伸出來的長纖維。神經信號從細胞的主體經軸突單向傳送出去，以刺激其他細胞。

細菌 bacteria
擁有簡單單細胞結構的微細生物。有些細菌會引致疾病。

植物學 botany
對植物的研究。

腦幹 brain stem
位於大腦底部連接脊髓的區域。

布羅卡區 Broca's area
大腦控制語言的部分。

細胞 cell
生物的最小單位。很多生物例如細菌只包含一個細胞，但人類卻由很多各有不同職責的細胞組成。

中樞神經系統 central nervous system
指大腦以及脊髓。

小腦 cerebellum
腦部協助控制平衡及動作的部分。

大腦皮質 cerebral cortex
整個皺摺的腦部外層，負責感覺處理、記憶、自主動作以及思考。

大腦半球 cerebral hemisphere
大腦皮質（或大腦）的半邊。

大腦 cerebrum
大腦皮質的別稱，組成人類腦部的大部分。

條件作用 conditioning
一種由好或壞的經歷引致之後對相似經歷作出自動反應的學習形式。

意識 conscious
即心智覺知。

意識狀態 consciousness
心智覺知的狀態。

樹突 dendrite
由神經細胞（神經元）延伸出來的短纖維，收集來自其他神經細胞的信號。

進化 evolution
物件（通常適用於生物）緩慢地轉變為其他形式的過程。

額葉 frontal lobe
每個大腦半球的前部分，在思考方面擔當重要角色。

地質學 geology
對岩石的研究。

毛細胞 hair cell
擁有微細而富彈性「毛髮」的細胞。這些細胞與神經連結。

激素 hormone
一種由腺體釋放到血液的物質，可影響身體其他部位的變化。

本能 instinct
自動的感覺或行動。

智力的 intellectual
一切有關思考的東西。

直覺 intuition
相信自己在不知原因的情況下知道一些事，有時稱為「第六感」。

邊緣系統 limbic system
大腦中負責自動身體機能、情緒，以及嗅覺的部分。

邏輯 logic
一種能從基本事實導引出正確結論的推理能力。

模仿 mimicry
抄襲另一個人的外表或行為。

分子 molecule
物質在不打破其組成原子的情況下可能出現的最小粒子。例如，一個水分子包含兩個氫原子和一個氧原子。

運動區 motor area
大腦負責自主（受控）身體動作的區域。

神經 nerve
一束由神經細胞（神經元）延伸出來的纖維，可在大腦和身體其他部位之間傳遞神經信號或脈衝。

神經細胞 nerve cell
一種特別的細胞，也稱為神經元，可在傳遞神經信號往返身體不同部位。它也組成了大腦中的網絡。

神經脈衝 nerve impluse
一種通過神經細胞（神經元）延伸出來的纖維傳送的電信號，可把已編碼的信息傳遞到大腦或其他身體器官。

神經元 neuron
一個神經細胞。

細胞核 nucleus
細胞的控制中心。

嗅覺的 olfactory
有關嗅覺的東西。

視差 parallax
當你移動頭部及雙眼時，一種令較近的物件看起來比較遠的物件移動得多的視覺效應。這在距離感上有重要的作用。

頂葉 parietal lobe
大腦中詮釋觸碰、痛楚以及溫度的部分。

感覺 perception
透過感官對事物產生認知。

周邊神經系統 peripheral nervous system
由微細神經組成的外圍網絡，連接肌肉、皮膚，以及除大腦以外的所有器官。它也與中樞神經系統連繫。

人格 personality
使你成為獨一個體的性格特徵組合。

遠景 perspective
一種使平行線（如路軌）看上去會隨着距離匯聚在一起的視覺效果。

正電子斷層掃描 PET scan
一種採用稱為正電子放射斷層攝影系統的醫療掃描技術，通常用來檢測和定位腦部的活動。

哲學 philosophy
對知識的性質的研究。

驚恐症 phobia
在沒有合理原因下對某些東西產生恐懼。

安慰劑效應 placebo effect
對藥物治療的一種心理反應，指即使患者獲得的藥物沒有實際療效，他們也會認為健康得到改善。

前額葉皮質區 prefrontal cortex
大腦中最活躍於思考的區域。

偏見 prejudice
在檢驗事實之前作出的判斷。

天才兒童 prodigy
在異常年輕時已表現天才或能力的人。

程式 program
指揮一個電子裝置（如電腦）運作的一系列指令。這個詞語也用來描述控制一些生物功能的編碼。

心理學 psychology
有關心智的科學。

回想 recall
有知覺地從大腦抽取記憶的過程。

接收器 receptor
回應如觸碰、光線或溫度等刺激的結構。

辨認 recognition
當你接觸到熟悉的知識時能認出它們的過程。

反射 reflex
一種由神經自動發起、可以引發行動的反應，例如回應劇痛的反應。

視網膜 retina
處於眼睛後方的一層對光敏感的細胞。

機械人 robot
在電腦控制下會自動執行任務的機械裝置。經常用來描述類似人類的機器。

感官的 sensory
有關感覺的東西：視覺、聽覺、味覺、嗅覺，及觸覺。

身體感覺皮質區 somatic sensory cortex
大腦中用來分析由皮膚、肌肉及關節傳來的神經信號的部分。

空間的 spatial
有關形狀與空間的東西。

光譜 spectrum
整個可見顏色的範圍，如在彩虹上所見的。

脊髓 spinal cord
主要的神經纖維束。它由大腦一直延伸至脊椎下方。

成見 stereotype
對某事物的固定想法或形象，經常是建基於十分有限的證據上。

心靈感應 telepathy
能閱讀別人思想的能力，可能是通過經驗和猜測，而非真正的精神溝通。

丘腦 thalamus
位於大腦底部，是所有從感官（嗅覺除外）傳來的信息的中轉站。

定理 theorem
用於運算的一種數學技巧。

治療 therapy
任何用來減輕生理或心理病症的處理方法。

三維 3-D (three- dimensional)
用來描述有體積的物體，它擁有第三個維度，即深度，加上二維中的高度和闊度。

無意識 unconscious
有關不需涉及任何思想的心智活動。

韋尼克區 Wernicke's area
大腦中負責詮釋聲音和視覺數據的部位，對了解語言至關重要。

答案

一隻手規則

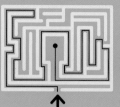

6~7 令人驚奇的大腦

你能記住嗎？

1. 浴室
2. 跑步、溜冰、游泳、踢足球
3. 他的肺部
4. 紅色
5. 他的貓
6. 魚
7. 一支
8. 貓、狗、魚、鳥、蝸牛、兔子
9. 煙肉和煎蛋
10. 手指受傷

如果你答對了超過六題，說明你的記憶力非常好。

完美配對

A 與 F 的形狀組合成為一個六邊形。

感到迷失？

右還是左？

66~67 你還記得嗎？

辨認 VS 回憶

第一步

1. 以色列—耶路撒冷
2. 法國—巴黎
3. 印度—新德里
4. 俄羅斯—莫斯科
5. 捷克—布拉格
6. 德國—柏林
7. 阿富汗—喀布爾
8. 加拿大—渥太華
9. 丹麥—哥本哈根
10. 阿根廷—布宜諾斯艾利斯

第二步

1. 西班牙—馬德里
2. 愛爾蘭—都柏林
3. 中國—北京
4. 瑞典—斯德哥爾摩
5. 伊拉克—巴格達
6. 荷蘭—阿姆斯特丹
7. 日本—東京
8. 意大利—羅馬
9. 埃及—開羅
10. 希臘—雅典

試驗與錯誤

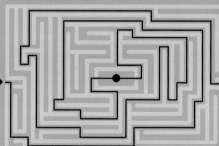
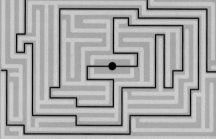

驚人的迷宮

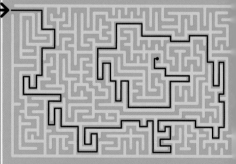

68~69 集中注意力

找出不同

誰是誰？

弗雷德是 B 號龜。

上與下

80~81 令人費解的模式

單獨的一個

沒有成對的動物是黃蜂。

超前的思考

每一個序列的部分都是由開頭的 2 個黃色杯子蛋糕、末尾的一個紫色杯子蛋糕和在它們之間每次增加一個數量的粉紅色杯子蛋糕組成。作為開頭的黃色杯子蛋糕處於 1 號、5 號和 10 號位置，它們之間呈遞增為 1 的數列。這就意味着以下每一個新的序列中開頭的黃色杯子蛋糕在 16、23、31、40、50、61、73、86 和 100 號位置。因此第 49 號位置上的杯子蛋糕是紫色的，第 100 號位置上的杯子蛋糕是黃色的。

人羣中的面孔

辨認序列

填上一朵藍色、一朵橙色和一朵藍色的花正好完成了序列。

丟失的拼圖

四塊丟失的拼圖分別是 J、K、G 和 F。

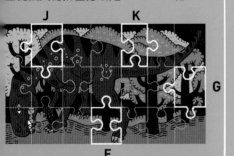

完美成對

90~91 腦筋急轉彎

公平分錢

三個男孩最初各自支付了 10 元，總共支付了 30 元。之後得到了返還的 3 元，這意味着他們一共支付了 27 元（25 元票價加上助手拿走的 2 元）。27 元加上返還的 3 元正好等於 30 元，因此沒有丟失了錢。在這個謎題中，因為把助手拿走的 2 元加上 27 元而產生了混亂。

沮喪的農夫

首先農夫帶着雞過河，並且把雞留在對岸。然後他返回後帶着狐狸再次過河。這次他用狐狸替換雞，這樣他把雞帶回去就可以讓牠們不處在一起。回去後農夫用雞替換穀粒，將穀粒帶過河，將穀粒與狐狸留在對岸。最後，他回去將雞帶過河就完成了。

尋找點心

她應該選擇 2 號罐子。

1. 小扁豆
2. 餅乾
3. 麵粉
4. 豌豆
5. 胡椒粉
6. 大米

一次兩個人

兄弟 1 與兄弟 2 一起過橋，花了 2 分鐘。兄弟 1 返回，花了 1 分鐘。父親與祖父一起過河，花了 10 分鐘。兄弟 2 返回，花了 2 分鐘，然後兄弟 1 和兄弟 2 再次一起過河花了 2 分鐘。

2+1+10+2+2=17，所以他們可以按時趕上火車。

正確的門

囚犯應該向每一個守衛問道：「如果我向另一個守衛問哪一扇門是通向監獄出口的，他會如何回答呢？」如果是紅色的門通向監獄出口並且他提問的那個人是說真話的，守衛會說是藍色的門，因為他知道另一個人會說謊。如果他提問的那個人是說謊的人，他會謊稱是藍色的門。無論如何，答案都會是一樣的，他們都會回答有獅子的那扇門，然後囚犯只需要走向另一扇門便可離開監獄。

誰傳遞了包裹？

從史黛西開始。

92~93 方格中的思考

提示和技巧

3	6	8	1	9	2	4	7	5
2	7	1	3	5	4	9	8	6
9	4	5	8	6	7	3	1	2
5	8	2				1	3	4
4	3	6				9	5	7
1	9	7				6	2	8
6	2	9	5	3	1	7	4	3
7	5	4	9	1	8	2	6	3
8	1	3	7	4	6	5	9	6

入門級

1	2	6	8	4	3	5	9	7
4	9	5	6	7	1	2	3	8
8	3	7	5	2	9	6	1	4
7	2	5	4	3	6	9	8	1
6	1	3	2	9	8	4	7	5
9	4	8	7	1	5	3	6	2
3	8	1	9	6	7	2	4	5
5	6	4	1	8	2	7	5	3
2	7	9	3	5	4	8	6	9

稍難級

3	5	6	9	1	4	8	2	7
1	4	2	6	7	8	5	9	3
2	8	9	5	3	6	7	3	4
6	7	3	1	9	5	4	8	2
9	1	5	4	6	2	7	3	6
8	2	4	7	8	3	1	6	9
5	3	2	7	4	1	6	9	8
4	6	8	2	5	9	3	1	1
7	9	1	8	2	7	9	5	4

要做甚麼

		21	17
	15	7	8
	15	6	9
5	3	2	3
6		1	5

現在試一試這個

	16	12	
7	4	3	
27 / 25	3	9	8	7	13
15	6	9	14	3	5	6
17	9	8	16	9	7
19	8	7	4	14	6	8
28	4	9	8	7	8	3	5

複雜

	15		28	
21	8	6	7	
17	8	7	15	9	6
29	9	5	4	3
17	9	8	2
17	9	8	1
24	7	8	9

96~97 數學謎題

金字塔謎題

		120		
	70		50	
	44	26	24	
30		14	12	12
25	5	9	3	9

只有一次機會

54 x 3 = 162

花的力量

用三個最大的數字相加然後與最小的數字相乘。

稱重遊戲

11 個草莓等於 1 個菠蘿和 3 隻香蕉。

菠蘿 =5 個草莓　　蘋果 =3 個草莓
橙 =4 個草莓　　香蕉 =2 個草莓

8 個 8

888 + 88 + 8 + 8 + 8 = 1,000

及格還是不及格？

蘇珊每答對一題得 10 分,若答對 15 題則得 150 分。但是她答錯了 5 題,每錯題扣分,一共扣了 25 分。

150 − 25 = 125

蘇珊通過了考試。

耀眼的星星

相乘的分數

答案是 5。

102~103 用二維視角觀察

上升與下降

籃子 A 會上升,籃子 B 會下降。

5 變成 4

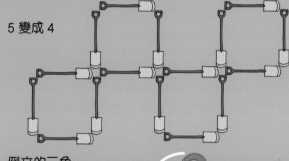

倒立的三角

平均分配

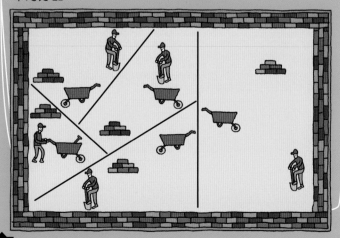

104~105 以三維視角思考

不同的角度

兩個相同的圖形是 A 與 F。

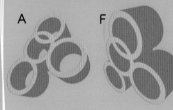

從頂部觀看

正確的俯視圖是 F。

狡猾的盒子

盒子 C 顯示了正確的水果圖案。

四個三角形

用鉛筆圍成一個具有一個底部和三個三角形邊的三維形狀,稱為正四面體。

哪面朝下

第三幅畫中面朝下的顏色是綠色。

尋找形狀

形狀 A 是留下來的粉紅色組塊。

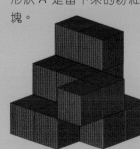

114~115 談話

找不同

- **貓和錐子**
  剩下的都與船有關。
- **釘書機和尺子**
  你不能用它們來寫字。
- **月亮和太陽**
  剩下的都是行星。
- **海豚和海馬**
  牠們都不是鳥類。
- **跑和笑**
  其他的都是名詞。

迅速比較

- 鳥的喙對比人的嘴。
- 眼睛對於景象就如同鼻子對於氣味。
- 內與外就如同關與開。
- 鋼筆與墨水就如同刷子與油漆。
- 三輪車與三就如同自行車與二。

同義詞與反義詞

同義詞

- 飢餓與飢渴
- 勞累與困倦
- 恐怖與嚇人
- 愚蠢與笨蛋

反義詞

- 稱讚與蔑視
- 邊緣與中心
- 合理與無邏輯
- 離開與返回

118~119 響亮的詞彙

選詞填充

難看的、高高的、恐怖的、一秒、抓住、機會、震驚、看、驚恐、飛

128~129 你有創意的靈感嗎？

連線挑戰

自然的天賦

1 — E 子彈火車的獨得錐頭設計的靈感來自於翠鳥的喙。這個設計使火車行駛得更快、能源消耗得更少，並且減低噪音水平。

2 — D 梅賽德斯‧平治以箱鈍帶角度的外形為基礎，設計了一款未來概念汽車。這種形狀讓汽車同時具有寬敞的空間與較輕的重量，它的耗油量也很低。

3 — A 鯊魚的皮膚上具有許多像牙齒般的微小紋路，可以讓鯊魚在水中滑動。而泳衣生產商利用這種特點設計出能幫助運動員取得更好成績的泳衣。

4 — B 荷葉的表面結構可以防水並且防止泥土在植物上滯留。這就啟發了一種能夠自我清潔的油漆的設計。

5 — C 在研究過貓的眼睛反射光線的機制後，珀西‧肖（Percy Shaw）在 1935 年發明了貓眼馬路反射器。在今天，貓眼反射器在世界上得到了廣泛應用。

橫向思考

謎題 **A**：羅密歐與朱麗葉是兩條金魚。牠們死的時候玻璃碗打碎在地面上，水流了滿地。

謎題 **B**：將球向正上方投擲。

謎題 **C**：這個人叫星期三。

144~145 是甚麼驅動你？

男性或女性大腦？

如果你在三條或以上的問題中回答「是」，你很可能是由女性大腦主導。女性大腦更擅長理解情感、感覺和閱讀肢體語言。而男性大腦一般來說更善於理解地圖、技術問題和注重細節。女性可以擁有男性大腦，而男性也可以擁有女性大腦，但大多數人擁有的是兩種大腦不同程度技能的混合體。

生理時鐘

選 A 得 4 分，選 B 得 3 分，選 C 得 2 分，選 D 得 1 分。

6~11 分 你是一隻貓頭鷹，總是喜歡很晚才睡，但你要確定自己沒有徹夜不眠。擁有充足的睡眠十分重要，否則你很可能會變得脾氣暴躁，學習也會受影響。

12~18 分 你既不是貓頭鷹子也不是早鳥，有較為合理的睡眠習慣。

19~24 分 你是早鳥，每天都很早起來爭取時間，但是注意不要影響到別人！

160~161 肢體語言

弄懂表情

A －驚訝，**B** －生氣，**C** －高興，**D** －厭惡，**E** －輕蔑，**F** －悲傷。

假笑

A、C、E 是假笑。

肢體語言

A －不誠實的

人們在說謊的時候經常會坐立不安。因此如果有些人揉眼睛、擺弄手部或雙腳，或者揪耳朵，就要提高警覺。

B －模仿

當有些人彼此相處得非常好，他們會經常無意識地互相模仿對方的肢體語言。

C －支配

一個放鬆而集中的姿勢經常意味着這個人自我感覺比別人強或者更有力量。

D －挑釁

當兩個人面對面並且凝視對方，同時身體輕微與對方保持距離時，很可能要發生打鬥了。

E －防禦

封閉的姿勢完美表現了防禦性。要注意摺疊的雙臂或雙腳、交叉的腳踝以及緊握的雙手。

F －順從

當某些人表示屈服的時候，他們經常會表現出害羞或尷尬的神態。他們總是低頭看地面，有時會把手藏起來。

索引

鳴謝

DK would like to thank:

Niki Foreman, Karen Georghiou, Fran Jones, Ashwin Khurana, and Eleri Rankine for editorial assistance; Johnny Pau for design assistance; Stephanie Pliakas for Americanization; Jackie Brind for the index; Stefan Podhorodecki for photography; Steve Willis for retouching; Mark Longworth for additional illustrations; Tall Tree Ltd for design; Jaime Vives Piqueres for help with the POV programme.

The publisher would like to thank the following for their kind permission to reproduce their photographs:

Key: a–above; b–below/bottom; c–centre; f–far; l–left; r–right; t–top

akg-images: 108tl, 109tl; **Alamy Images:** Third Cross 59cla (carousel); Paul Doyle 64br; Richard Harding 58cb (spider); Interfoto 87tl, 122cla; Andre Jenny 85bc; Photos 12 148cl; **The Art Archive:** 122ftl; **The Bridgeman Art Library:** Bibliothèque de la Faculté de Médecine, Paris, France/ Archives Charmet 10bl; British Museum, London, UK 122cl; Massachusetts Historical Society, Boston, MA, USA 21cb; Musée des Beaux-Arts, Grenoble, France/Peter Willi 123clb; Natural History Museum, London, UK 171tl; **Corbis:** Alinari Archives 134cr; Bernard Annebicque 107clb; Arctic-Images 175cl; Artiga Photo/Flirt 140tr; Bettmann 21bl, 38bl, 39cr, 39tc, 73cr, 73tr, 84bl, 84crb, 84tl, 85 (background), 108bl, 135 (background), 135clb, 147tl, 154cr, 155c (background), 170c, 171bl, 175bc; Bettmann/ Underwood & Underwood 21tl; George W. Ackerman/Bettmann 85tr; Adrian Burke 77crb; Chris Kleponis/Zuma 87tr;

Creasource 35br; DLILLC 95tr; Neville Elder 106br; EPA/Oliver Weiken 21fbr; EPA/MAST IRHAM 21crb (Venus & Serena); Randy Faris 62fbr; Rick Friedman 113bl (Chomsky); The Gallery Collection 38cr, 38tl, 122cr, 170tl; Gianni Dagli Orti 134bl, 134tl; Josh Gosfield 140bl; Waltraud Grubitzsch/epa 53cl; Historical Premium; Premium RM 151cra (Freud); Aaron Horowitz 67clb; Hulton-Deutsch Collection 19ca (Broca), 73 (background), 73ftl, 85cr, 109r; Jose Luis Pelaez, Inc 83br (boy); Brooks Kraft 13br; Latitude 61fcra (python); Frans Lemmens/ zefa 169cr; Philippe Lissac/GODONG 77br; Massimo Listri 120c; Yang Liu 56bc; Gideon Mendel 173crb; Ali Meyer 39 (background); Moodboard 140br; Dana Neely 174-175 (background); Michael Nicholson 171 (background); Norbert Wu/Science Faction 169tc; Historical Premium; Premium RM 151cra (Freud); Steve Prezant 140tl; Roger Ressmeyer 73tc; Ron Austing/Frank Lane Picture Agency 168c; Bob Rowan/ Progressive Image 76bl; Peet Simard 67cl; Tony Hallas/Science Faction 95cla; Frank Siteman/Science Faction 146tl; Dale C. Spartas 177br; Stapleton Collection 146c; Peter Turnley 112tc (signing); Randy M. Ury 69bl; Gregor Schuster/ zefa 174-175c (brain scans); M.Thomsen/Zefa 64cr; **DK Images:** Geoff Brightling/Denoyer-Geppert 52bc; Harry Taylor/Courtesy of the Natural History Museum, London 146bl; **Dreamstime. com:** 22cb (lemon), 22ftl, 23bc, 23bl, 23cl, 74cl (pencil) 125ftl; Yuri Arcurs 58bc (dancing); Burning_liquid 59cla (beach); Creativeye99 59fcl (house); Davinci 125fcl; Derausdo 125clb; Dimitriu 58cra (baby); Dndavis 58ca (keys); Dragoneye 125crb; Ejla 59bc (dog); Godfer 59clb (teens); Hansich

58tr (wedding cake); Kamchatka 58ca (cat); Kirza 125cr; Kmitu 59fcla (maths); Livingdedgrrl 59ftl (swimming); Moemrik 125cla; Monika3ste 125fclb; Mwproductions 58cla (class); Nikolais 124tr; Pemmett 125fcla; Prairierattler 59cla (net); Roim 124br; Scantynebula 58cl (teddy); Siloto 125ftr; Tass 59fbl (skier); Thijsone 125tc; trentham 125fcr; Trutta 125fcrb; Upimages 125bc; Uzuri 125cl; Winterling 124-125 (jigsaw); Zela 125ca; **© 2009 The M.C. Escher Company- Holland:** M.C. Escher's "Waterfall" © 2009 The M.C. Escher Company-Holland. All rights reserved. www. mcescher.com 32t; **FLPA:** Jan Van Arkel/ Minden Pictures 60bl, 60clb, 60l, 60tl; **Getty Images:** 109bl; American Images Inc. 97cl (apple), 97clb (apple); Blend Images 15tr; CGIBackgrounds.com 28cl; Ralph Crane/ Time & Life Pictures 108bc; Digital Vision 121fcr; Fox Photos/ 154bl; Henry Guttmann 154cla; Harry Sieplinga/HMS Images 44br; Haynes Archive/Popperfoto 155br; Gavin Hellier 122bl; Sandy Huffaker 52cl; Hulton Archive 20cr, 72br, 123bc; The Image Bank 119tr (glasses), 119tr (umbrella); Seth Joel 159tr; LWA/Dann Tardif 57tc; Mansell/Time & Life Pictures 147bc, 155tr; New Vision Technologies Inc 121cr; Thomas Northcut 119 (phone); Greg Pease/Photographer's Choice 29cl; Photographer's Choice 119ftr (bottle), 119tr (balloon); Popperfoto 155tl; Purestock 113c (student); Riser 119tr (cake); Yun Shouping/Bridgeman 121ca; Southern Stock 34cl; Stock Montage 20cl (Galileo); Pete Turner/Stone 29bl; Stone 119tr (coins); Taxi 119tr (earth); Tetra images 76cl; Mansell/Time & Life Pictures 20fcl; Time & Life Pictures 83tr (man), 123c; Guy Vanderelst 28br; John Woodcock

21fbl; Anna Yu 97tl; **iStockphoto.com:** 8-9ca (brain), 74-75 (gears),166l (brain); Marek Uliasz 20c; **www.kasparovagent.com, with kind permission of Garry Kasparov:** 21tr; **Lebrecht Music and Arts:** Ullstein-PWE 18cl (Hans Berger); **naturepl.com:** Andrew Cooper 60r, 61bl; **NHPA/Photoshot:** Mike Lane 61cra (grass snake); **Photolibrary:** Big Cheese 56cl; **www.sandlotscience.com:** 'All is Vanity' Charles Allan Gilbert, 1873 - 1929 32b; **Science Photo Library:** 18-19bc (brain scan), 26cr, 27br, 27cl, 27tl, 72bl, 72fcl, 147 (Background), 147cl; Anatomical Travelogue 53cra; John Bavosi 11cr, 12-13c; Martyn F. Chillmaid 45br; CNRI 106tr; Christian Darkin 87ca; Martin Dohrn 53cl; Emilio Segre Visual Archives/American Institute Of Physics 72tl; Eye Of Science 106c; Steve Gschmeissner 106fcl; Nancy Kedersha 17cr; Living Art Enterprises, Llc 53c; Dr John Mazziotta Et Al 12bl; Will & Deni Mcintyre 175crb; Hank Morgan 139tl; Sinclair Stammers 107bc; Thomas Deerinck, NCMIR 173fbr; **Still Pictures:** Ron Giling 120crb; **V&A Images, Victoria and Albert Museum:** 135tl; **Wellcome Library, London:** Dr Jonathan Clarke 16bl

Jacket images: Front: **DK Images:** NASA c (earth); Stephen Oliver cl (compass), cla (beaker); **Getty Images:** Photonica/A. T. White cr (hands); **Science Photo Library:** Pasieka cb; Tek Image cl (lightbulb)

All other images © Dorling Kindersley For further information see: www.dkimages.com